ざんねんな読書指導

スマホから「子どもの人生」を守った物語

有馬心一朗

新評論

まえがき——筆者の読書遍歴

三歳半のころから「本の虫」であった。

母が「本屋に勤めていた」という環境、これが読書に多大な影響を与えていたことはまちがいない。幼稚園の帰りに本屋へ寄り、母の勤務時間が終わるまで絵本を読み続けて帰宅するという日々——コンパクトなゲーム機やスマホなどといった娯楽がなかった時代のことである。気づくと、本屋にあった絵本をすべて読破し、二周目に入った途中で卒園することになった。

父は異常なほどのマンガ好きであった。厳格な教育環境で育った父は、幼少期から「世界文学全集」を母親（私の祖母）に買い与えられ、無理やり読まされていたという。「あの苦痛な日々があったから、その反動でマンガ好きになったのかも……」と、笑顔で語っていた。

筆者が小学一年生のころ、父は毎日のように勤務地の近くにある古本屋でマンガを買ってきては、「これ、面白いぞ！」と言ってすすめてきた。小学校の六年間で三〇〇〇冊以上のマンガを楽しむことができたのは、父が幼少期に背負った反骨精神のおかげである。

マンガは偉大だ。本文でも述べるが、マンガがきっかけで「学問の道」が開けることもあるからだ。もう少し、筆者の偏った「自伝」にお付き合いをいただきたい。

中学・高校時代は部活に時間をとられたが、早朝の読書は継続して行っていた。そして、これまでの人生において、もっとも本を読んだのが大学時代である。入学してすぐ、中谷彰宏氏の著書『大学時代しなければならない50のこと』（ダイヤモンド社、一九九六年）にハマってしまった。

この本に、「アルバイトはするな」と書かれていた。時間の重要性と学問の大切さには共感したが、実際のところ、学費や生活費を稼ぐためにアルバイト（教育関係）をしていた。ただ、それ以外は本を読み、そのために患ってしまった肩こりはいまだに残ったままとなっている。

学生時代、早朝ランニングのあとは読書からはじまり、つまらない講義中には一日平均五冊の本を読んでいた。ちなみに、講義中の読書というのも中谷彰宏氏の真似である。中谷氏は一〇〇冊以上も読破していたという（前掲書を参照）。

中谷氏の考え方と恵まれた読書環境（図書館や近所の古本屋など）のおかげで、大学時代には六〇〇〇冊以上を読破した。そして卒業し、教員採用試験を突破して教育界へ進むことになったわけである。

教員になってからは、言うまでもなく子どもたちに読書をすすめた。「朝の会」の最後にあった「先生の話」では、図書室にある本を紹介し、イントロ部分を読み聞かせ、その本や作者の魅力を語って「本の虫」を増やしていったつもりである。幼少期から大学時代までの個人的な価値観（偏愛）を強要したにもかかわらず、保護者からは感謝されるという、実に幸せな状況に恵まれた。

　これまでかかわった保護者の数は一二〇〇人を超えるだろう。ありがたいことに、「読書の強要」に関しては一度としてクレームを受けることはなかった。むしろ感謝ばかりされ、同僚から羨ましがられたほどである。とはいえ、のちに、一部のベテラン女性教師からの強烈な嫉妬があったと聞いている。「知らぬが仏」に感謝である。

　教員になってからは、読書ばかりではなく「書くこと」の指導にも力を入れた。日記を通して書く指導を行ったのである。計算や漢字の宿題は交互に出すことはあっても、日記だけは一日の例外もなく書いてもらい、コメントと評価（三段階）を入れてノートを返していた。

　筆者自身の経験だが、文章を書くことで「本の読み方」が明らかに変わる。「書く」という行為が、「読む」という行為の際に積極的な構えへと変貌することがあるのだ。

　以上のように、本とともに人生を歩んできたわけだが、「本を読む人が少なくなった」と言われる現代においては、「単なる自慢話か！」という声が聞こえてきそうだ。そんな声に対しては、このように答えよう。

「いいや、違う！」

本書では、「本の読み方」や「読書を通した教え子たちの人生」を紹介していきたい。とくに後者は、「読書」によって子どもたちの学力やその後の人生がどのようになったのかについて、筆者なりの見解を示すことにした。

教え子のなかには、「読書の習慣」がきっかけで最難関中学（桜蔭学園や西大和学園など）や最難関大学（東京大学や慶應義塾大学など）に合格した子ども（現在は成人）がいる。また、「書くこと」が功を奏して、医師やアナウンサー、弁護士になったという子どももいる。後年、本人やその保護者たちと再会した際に「書くこと」の効果を語ってくれていたが、よく聞くと、どうやら宿題にしていた日記が成果につながったようである。

さらに、高校を卒業後、職場で追い詰められて精神を病んだときに本を読み、自死を思いとどまったという教え子、また読

書で培った思考力を駆使して、不登校から居場所を見つけて「自立の道」を歩みだした子どももいる。

「読書」という習慣、これ一つで「人生は彩りのあるものになる」と思っている。読書を通して思考力を鍛錬すると、他人の考えに委ねるのではなく、「自らの人生を歩む」という自立した環境がつくりだせる。極端な例を挙げれば、「命を救うこと」さえできるのだ。念のために言うが、これは筆者の主観的な「思いこみ」ではなく、一〇〇〇人以上の教え子を見て分かった、一次情報に基づく客観的な「事実」である（同業者との対話で知ったことも含む）。

それぞれの子どもたちは、単に学校における「学習」のためだけに読書をしてきたわけではない。想像するに、本に書かれていたことを取捨選択して、自分自身に取りこんできたように思える。その過程は、「頑張って読む」といった根性論ではなく、「ただ楽しむ」といった読書スタイルを続けてきただけなのだろう。誰かに強制されることなく「楽しむ」、そう、読書は楽しむものである。

一見、きれい事に思えるこうした「読書指導」に関する内容を書いていくわけだが、本書を読んだうえで批評していただければ幸いである。その批評を受けて、筆者自身も新しい「読書指導」を見いだしていきたい。

もくじ

ざんねんな読書指導——スマホから「子どもの人生」を守った物語

「明日死ぬかのように生きよ。永遠に生きるかのように学べ」（マハトマ・ガンディー）

第1章

読書の価値

「日本人の心」を受け継ぐ本の力

日 本人にしかできない「国際貢献の源」は読書にあった

読書をするための目的は多い。知識を身につけたり、想像力を養ったりするほか、娯楽として楽しむだけの読書もある。では、読書で身につけるべき対象は何だろうか？　お茶の水女子大学の名誉教授であり、数学者でもある藤原正彦氏は、「高次の情緒を身につけること」がもっとも重要な対象であると主張している。

実体験だけでは時空を越えた世界を知ることができない。読書に頼らざるを得ない。まず、国語なのである。高次の情緒とは何か。それは生得的にある情緒ではなく、教育により育まれ磨かれた情緒と言ってもよい。（『祖国とは国語』新潮文庫、二〇〇三年を参照）。

藤原氏は、実体験だけではなく、本を読むことで情緒を養う重要性を説いている。たしかに、実体験だけならほかの動物でもできる。たとえば、自らの体験で悲観的な感情に包まれることは原初的である。一方、他人の悲しみをくむことは高次の情緒と言える。

人間には言語がある。この言語を通して高次の情緒を育むことが人間にとって重要だという思想は説得力をもつ。他人の不幸に対する感受性も高次の情緒だ、と藤原氏は畳み掛ける。では、どのようにすれば不幸に対する感受性となる高次の情緒が育めるのだろうか。

「情緒を育てるうえで最大の教師は貧困であった」（前掲書、二二一ページ）とあるように、藤原氏は「貧困」を知ることこそが情緒を育成する源だと言っている。

わが国には「貧困」が常に存在していた。有史以来、八〇年ほど前（一九四〇年代）まで貧困は身近にあった。いくら働いても食べていけない。幼い子どもたちが餓死したり、病院に行くことさえできずに亡くなってしまうといった現実があった。

しかし、令和（二〇二〇年代）の日本では、こうした残酷な貧困は失われた。もちろん、一部の貧困は存在している。それでも、餓死してしまうような状況は身近なものではなくなったように思える。その結果、高次の情緒について教えにくくなってしまったわけだが、それでも「教える機会はある」と藤原氏は主張している。

> 幸いにして我が国には、貧困の悲しみや苛酷を描いた文学が豊富にある。これら小説、詩歌、作文などを涙とともに味わい、その情緒を胸にしっかりしまいこむことが大切だと思う。
>
> （前掲書、二二一ページ）

読書習慣のない子どもでも、国語の時間に小説などを暗誦《あんしょう》し、美しいリズムとともに胸にしまいこむことができる。こうした方法で日本が誇る「もののあわれ」を追体験すれば、高次の情緒を育成することが可能であるというわけだ。

藤原氏は数学者である。論理を第一に考える理系の学者が情緒を重んじているという事実。それに、藤原氏だけではなく、知り合いの自然科学者たちのほとんどが美的な感受性の重要性を説いていたという。こうした感動は、自然や芸術に親しむだけでは不十分であり、詩歌や小説などに触れることで美への感受性が深まる、と藤原氏は続けている。

産業革命以来、世界は欧米主導のもとで資本主義に舵を切って繁栄を続けた。論理や合理主義、または理性といった概念で突き進んできたわけだ。その間に帝国主義や共産主義が衰退し、現在、資本主義は大きな転換期にある。

もちろん、論理や合理主義なども重要である。しかし、世界

を見渡すと、経済的な混乱や拝金主義、核兵器や戦争、治安、テロなど荒廃した状況となっており、目を覆いたくなる現状が多い。つまり、論理や合理主義だけでは平和になれないということを歴史が教えてくれている。

では、こうした苦境を打開するためにはどうすればいいのだろうか。やはり、ここまで記した「高次の情緒」を養うことが原点になるだろう。日本人一人ひとりが自然への畏怖や「もののあわれ」などといった情緒感を身につけ、論理や合理主義以外にも大切なことがあるという事実を世界に発信し、広めていくことが望まれる。こうした発信は国際貢献にもなるだろう。となると、そのための読書が求められることになる。

本章では、読書をすることで心にどのような価値を見いだすことになるのかについて紹介していきたい。

本の教育的な効果は無限大である——一冊の本で知的レベルが上がる

言うまでもなく、本には知識や教養が圧縮されている。一冊の本を開くと、そこには「あるテーマに沿った世界」が広がっている。芸術や文学などといった文化遺産もあれば、実用書の場合、時間術やプレゼン術のような、仕事をするうえでの叡智がぎっしりと詰まっている。

考えてみれば、教養は「知識の融合」と言えるだろう。ある分野についてどれだけ知っているのか、その差によってもたらされる影響は極めて大きい。さらに、そこにはストーリーが含有されている。

科学を例にしてみよう。ある現象を証明するために学者たちは、研究に研究を重ねて答えを導きだすわけだが、そこには「ロジック（論理）」という名のストーリーが存在しているものだ。

みなさんご存じのニュートン（Isaac Newton, 1642〜1727）は、世界的な発見をするまでの間、大学を休学している。当時、ペストが大流行していたためだ。その間、ニュートンは、孤独な時間、「研究にハマる」という日々を送った。そして、わずか一八か月の間に歴史に名を刻む大発見をしている。

研究の積み重ねのうえにロジックがあり、そこには、意味の含有率が極めて高いストーリー（孤独な時間など）が存在していたのだ。リンゴが落ちたことがきっかけで万有引力を発見したという話がとくに有名であるが、ニュートンの場合、発表形態が論文だったとはいえ内容の圧縮率は壮大なものであった。

世の中には、「考えること」を生業にしている人たちもいる。哲学者もその一人である。彼らは、日々考えていることを言語化してきた。市井《しせい》の人よりも深く、そして広く考える。哲学者たちは、その蓄積で抽象化を高めていったわけである。

ここにも、当然ストーリーがある。「二項対立」や「中庸《ちゅうよう》」など、キーワードだけでは難解な概念でも、文脈を追っていくと物語性を見いだすことができるのだ。考えることを究めた彼らは、「本」という形でそれらを表現してくれている。

教養にあふれた本を読みこんでいけば、私たちは「知の巨人の思考」をなぞることが可能となる。まさに、リレー形式で教養を受け継ぐのだが、ただ読めばいい、というわけではなさそうだ。

ある疑問や問題意識をもって読むことで、日常会話などにおいて活かせるようになる。教え子と話しているときに、このような教養の差を感じることがあった。

小学校の高学年になると、知識の融合率は格段に高まってくる。『論語』を読んでいる子どもがいるかと思えば、『徒然草』を読みこんでいる子どもが実際にいるのだ。ご存じのとおり、いずれも「古典」と呼ばれているものである。大人でも、これ

らを読んでいる人が多いとは決して思えない（作品名は知っているだろうが）。

道徳科の時間に、「これは論語のパターンだね」とか「兼好の考えと似ている」といった会話が実際にあったのだ。また、受験のためであろう、親が塾探しに苦労する姿をたとえて『論語』の一節である「孟母三遷《もうぼさんせん》の教え」を引用した子どももいた。

「孟母三遷の教え」を簡潔に説明すると、学問のために親が最適な環境を探すという意味である。『論語』を知っている人同士の会話であれば、「孟母三遷的」と言うだけで通じあうわけだが、知らない人だと、「何それ？」となってしまう。

言うまでもなく、『論語』は二〇編からなる壮大な本である。読了には時間がかかる。また、理解するためには知識の蓄積が必要とされるわけだが、そうした知識の土台をもとにして子ども同士が話す場合があるのだから、決して子どもを「無教養」と位置づけることはできない。

では、教師（大人を含めて）は『論語』を読んでおかなければならないのか。幸いなことに、本にはさまざまなレベルのものがある。ある『論語』の解説書を読めば一定レベルの教養は得られるし、時間のショートカットが可能となる。その結果、恥をかくことなく、意味の含有率が高い会話をすすめることができる。

簡単に言えば、本には「あるテーマに沿った教養」が真空パックされているものが多いということだ。それらをインストールすれば自らの教養は高まるし、同時にそうした友人がおれば、会話を通してお互いの知性レベルが上がることをこれまで体感してきた。

日頃から本を読んでいる子どもとそうでない子どもとの間で交わされる会話を聞いていると、教養レベルの差が歴然となる。簡単に言えば、会話が噛みあっていないのだ。さらに、討論の場になると知識のなさがストレートに現れ、バカにされてしまうこともある。

とはいえ、「本を読んでいないと討論に参加できないようだ」といった劣等感に似た感覚が読書習慣を高める場合がある。そのような経験・体感がきっかけとなって、毎日のように学校の図書室に通い、一年間に六〇〇冊も借りたという子どもがいた。この子どもは、筆者もまったく予想していなかった中学受験の世界に飛びこんで見事に志望校に合格し、哲学者であった西田幾多郎（一八七〇〜一九四五）に憧れて京都大学に入学し、哲学を学んで卒業している。

「教育力」という概念がある。周りからの刺激を受けて、自らの成長を促すパワーのことだが、教室という空間で行われる討論の場では、自らの教養レベルが明確になる。その事実に焦燥感をもつような子どもは、前述したように本を読むことで知識の融合を図ってコメント力を高めていくため、教師がそれをふまえて指導を行えば自ずと読書に向かうようになる。

本に書かれている言語を追うことで内容が理解できるようになると、知識が脳内に流れこんでいく。その積み重ねによって、クラス全体の教養レベルはまちがいなく上がっていく。事実、年度初めの四月と一二月では討論の内容（質）に雲泥の差が出てくる。その差を、子どもたちだけでなく教師側も実感することになるだろう。

年末に討論の様子を映像で比較したことがある。四月の映像を見て、「このころの自分は薄っぺらだと分かった」という感想を述べた子どもがいた。それを聞いていた子どもたちも、それぞれが数か月で成長したことを知って生き生きとしていた。

学ぶテーマに沿った情報がぎっしりと凝縮された本を読むこと、すべてはここからはじまるのではないだろうか。それほど、本にはさまざまな教養が圧縮されている。

イジメから「居場所」を得た図書室での物語

ノーベル文学賞を受賞したチェコ生まれのカフカ（František Kafka, 1883〜1924）。彼の代表作、『変身』の冒頭はあまりにも有名だ。

「ある朝、夢から目覚めたら、毒虫になっていた」

もちろん、この作品はフィクションであるが、一夜明けて立場が一変するということが実際にある。教育現場で言えば、その典型となるのがイジメである。「ある朝、夢から目覚めたら、無視されていた」ということが毎日のように起こっている。

しかし、世の中には、そんな苦境から「生きる気力」を与えてくれるといった本がたくさんある。困難や命の危機から脱することができる本である。ここでは、中学時代にイジメを受けてしまった教え子（Ａさん）について紹介していきたい。


Ａさんは、小学校を卒業したあと、地元の公立中学校に進学した。真面目で明るいＡさんは、小学生時代から人望があった。任されていた係の仕事を率先して行うほか、自宅近くの公園では、妹や弟、その友達など五人前後の子どもたちと遊んでいる様子を筆者も見たことがある。人格的に問題を感じることが一切なかったＡさんは、なぜイジメに遭ってしまったのか。成人したＡさんに当時のことを尋ねると、「真面目な性格が仇《あだ》になった」と述懐していた。

中学校に入学後、吹奏楽部に入部したＡさん。練習の終わりが遅くなったある日、クラブのメンバーから「繁華街に行こう」と誘われたが、それを断った。ただそれだけで、当時のリーダーから無視されることになったという。そして、「Ａさんのように無視されたくない」と、周りの子どもが危機感を抱くようになり、Ａさんを取り巻く状況が一変した。徐々に、「無視」から「嫌がらせ」へと発展していったという。

ある日、Ａさんの担当楽器であったトランペットがなくなった。当然、「物隠し」を疑ったわけだが、Aさんは周りを責めることなく、欠席していた子どもの楽器を代わりに使用して、その日を終えた（練習は「手の動作」を確認したのみ）。すると、翌日、その楽器が突如消えていたという。

こうなると確信犯的な状況となる。Aさんは顧問に相談した。しかし、顧問がそれを全員に報告したことでイジメが悪化することになってしまった。誰も、Aさんと口を聞かなくなったのだ（この場合、教師の指導力にも問題がある）。

ここまでのAさんには「非」がない。運悪く、癖の強いリーダーに目をつけられた、ただそれだけである。

親に相談しても状況が変わることはなかった。これは、教育現場にいてよく痛感することである。大人が正義を語っても現実が変わることはない。イジメの実態や注意喚起を大人が発しても、子どもが耳を傾けることは少ない。むしろ、大人が介入したことで火に油を注いでしまい、状況が悪化することのほうが断然多い。

Aさんの場合も事態は悪化していった。部活だけではなく、クラス内でも「無視」や「嫌がらせ」が頻発しはじめたのだ。居場所をなくしたAさん……一般的にはここで不登校になる。なかには、自ら命を断つという子どももいるだろう。しかし、Aさんは不登校とはならなかった。

小学生のときから本をよく読んでいたAさんは、図書室を自らの居場所にしたのだ。この時点で、入学当初から仲のよかった友達は去っていった。

イジメは残酷である。ターゲットにされた子どもを取り巻く状況は負の連鎖を招いてしまうからだ。ターゲットとなった子どもと話すと、その子どもも無視されるようになる。つまり、リーダーに目をつけられるとイジメのターゲットになってしまうということだ。

このような一連の流れ、読者のみなさんにも想像がつくだろう。それほどイジメというものは些細なきっかけではじまり、頻繁に起こり、負の連鎖を誘発していくのだ。

「本と過ごす」という日々になったことで、Aさんの居場所は図書室になった。すると、二つの変容があったという。まず、気づいたことは、図書室における異様な光景である。何と、Aさん以外に、同じくイジメに遭い、居場所をなくしていた同世代が集まっていたのだ。

ある子どもは友達とのかかわり方で失敗して、図書室で過ごすという判断をした。また、ある子どもは、Aさんのようにイジメに遭って教室での居場所をなくしていた。さらに、もう一人の子どもは、元々一人が好きで、本を読むことを生き甲斐としていたため、友達関係とは無縁な状態であった。つまり、最初から図書室が居場所になっていたのだ。

こうした人間模様を知ったAさん、一気にストレスから解放されたという。かといって、図書室で出会った子どもたちと仲良くなったわけではない。とにかくAさんは本を読み、文学の深みや面白さに目覚めていった。部活で無視されるという状況については、重松清の『ナイフ』（新潮文庫、一九九七年）を読んで共感し、「気力をもらった」と言う。また、偉人の伝記をたくさん読んだようで、「当時の状況は、野口英世に比べると些細なことと割り切った」とも言っていた。

こうしてAさんは、およそ半年間の図書室タイムを満喫した。そして、イジメのターゲットが代わったのだろう。教室内の人間関係に変化が起こり、入学当初の状況にまで戻ったという。「Aさんさえよければ、新しいターゲットはどうでもいいのか！」というコメントが届きそうだが、ここではAさんに関する変化を述べたい。

Aさん自身が驚くほど、学力が向上したのだ。読書で教養が高まったからだろう。「イジメがはじまる前よりも読解力がついた」と言っていた。

詳細を聞くと、親が購入してきた「公立高校の入試問題集（国語）」（以下、問題集）に掲載されていた小説を軽い気持ちで読んだという。ご存じのとおり、入試に掲載されている物語的な文章（主に小説）は一部を抜粋していることが多い。

ある日、Aさんは問題集に載っていた小説の「続き」が読みたくなり、単行本を借りて全文を読破したという。その後は、問題集を読むだけではなく、多様な作家や作品に触れながら「設問」まで解くようになった。「文章が理解できても問題が解けない！」という現状に憤りを感じたAさんだが、参考書を片手に問題集と解くという反復学習の末、読解力がついたという。

このような読書における読解力の向上については、のちに詳しく述べていきたい。

「友達ができない」という難題を解決した読書の魅力

およそ二〇年間、「教育の世界」にかかわってきた。驚くほど明るい子どもや勉強に秀でていた子どもなど、一〇〇〇人以上の子どもたちと接してきた。なかには、一人でいることを好む子どももいた。こうした子どもたちに共通していたことと言えば、「本好き」である。とにかく、読書を「至福の時間」にしていた。

印象的だったのは教員一一年目に出会ったKさん。五年生のときに担任をしたが、保護者がKさんの友達関係で悩んでいた。内気で真面目なKさんの趣味は「折り紙」と「あやとり」であった。四年生まで友達と話すことがほとんどなく、一人で黙々と遊んでいることが多かった、と本人から聞いていた。

当時、勤めていた学校では、始業式の二日後に保護者会があった。その会のあと、Kさんの母親から相談を受けた。

「どうすれば友達ができるのでしょうか……」という、シンプルかつ深い相談であった。高学年にもなると、クラス替えがあったとしても友達関係はある程度固定されているものだ。それでもKさんの保護者は友達関係に悩んでおり、何とかして解決したいというオーラを発していた。

しかし、ここには矛盾があった。Kさん自身は、友達関係についてまったく悩んでいないというのである。むしろ、休み時間になると一人で遊ぶことを楽しんでいた。時には、笑顔を見せながら折り紙をしていたこともあった。

保護者と子どもの課題が一致しないということが稀にある。Kさんの場合、こうした例の一つと言える。そのことを保護者に伝えると一時は納得してくれたが、折り紙とあやとりだけの一人遊びに物足りなさを筆者も感じていたため、Kさんに読書をすすめることにした。折り紙に関する本である。

すると、Kさんの生活が一変した。

休み時間、教室での一人遊びから「図書室で本を読む」という生活スタイルに変わったのだ。本で仕入れた知識をもとに折り紙のレベルが進化したほか、もう一つの趣味であるあやとりの本でも似たような状況となった。

かなり前のことだが、『驚きももの木20世紀』（テレビ朝日、一九九三年〜一九九九年放送）という番組を見ていたときに三島由紀夫（一九二五〜一九七〇）の格言を知った。次のようなものである。

「人間、何が面白いかと言って、自分の力が日に日に増すほど面白いことはない」（メモからの紹介）

高校時代にこの一文を知ったあと、部活動においてこの言葉を筆者も実感している。

高校二年生のとき、体力に自信がなかった筆者は、早朝にランニングをはじめた。早く起きるだけでも苦痛であった高校時代、そこにランニングが加わるわけである。当初は目をこすりながらヘロヘロになって走っていた。

そんな日々を二週間ほど続けていたある日、タイムを見て驚いた。初日より八秒も早くなっていたのである。その後、一週間ごとにタイムを確認すると三秒ずつ縮まっていった。当時はタイムを確認することが面白く、部活中においても息切れをする頻度が明らかに減っていった。まさに「自分の力が日に日に増す」といった状態である。それゆえ、Kさんが毎日のように成長する姿を見ていて微笑ましく感じた。

Kさんの話、これで終わりとはならなかった。当時の学校には、「縦割り班」という学年を跨いでの交流があった。月に一回、朝の二〇分間、一年生から六年生までが交流するのである。

縦割り班のリーダーは五・六年生、いわゆる「高学年」である。五年生が担当する月にKさんが折り紙のやり方を教えることになった。これまでは引っ込み思案だったKさんだが、読書で身につけた折り紙のレパートリー、そして低学年に合わせた内容が見事に合致した。低学年だけではなく、六年生までが折り紙でつくられた「花」の作品に魅せられてしまったのだ。

この作品は、縦割り班での活動のためにKさんが本を探してつくったものであった。尋ねると、一〇冊以上の関連本を読んだという。さらに、「本番前には自宅で説明の練習をしていた」と母親から後日聞いている。大盛況に終わった縦割り班でのドラマはさらに続くことになった。

その後もKさんにはリクエストがたびたび舞いこみ、休み時間には、五年生の教室まで一年生の女子グループが訪ねるといったことが多々あった。そんな状況を喜ぶKさん。相変わらず休み時間には一人で図書室に籠もるという状態

であったが、そこにも他学年の子どもたちが訪ねてきていたという。さらに、クラスメイトがＫさんから「技」を教えてもらうという光景が頻繁に見られるようになった。

気づくと、母親の課題は解決していた。まさに、「読書が人間関係をつくった」という事例である。

現在、Ｋさんは学習塾でアルバイトの講師として子どもたちとかかわっているようだ。ある年、「休み時間には折り紙を教えている」と書かれた暑中見舞いが筆者のもとに届いた。

たった一冊の本に「重要な命」を奪われないために

本好きのビジネスマンはどのような本を読んでいるのだろうか。小説のような文芸書やビジネス書と呼ばれる自己啓発書など、ジャンルはさまざまであろう。ここでは、自己啓発をテーマにして考えていきたい。

みなさんは自己啓発の本を読まれているだろうか。こうした本の著者には、会社の経営者や経営コンサルタントなど、「成功者」が多いような気がする。実際に「上に立つ」、「教える立場にいる」といった人が、自己啓発書において自身の成功例を紹介しているのだ。たしかに、同じジャンルで仕事をしている人なら役立つだろうし、実際、ある本との出合いによって富豪になったという例もあるだろう。

それ以外にも、自己啓発書のなかには「元気が出る」という本もある。読むだけで活力のようなものが湧きあがり、それこそ栄養ドリンクに似た感覚が体感できるといった本が実際にある。立ち読みをしただけでもテンションが上がり、そのままレジへ直行したという人もいるかもしれない。恥ずかしながら、筆者もその一人である。

このように、自己啓発書はさまざまな役割を果たしているわけだが、気をつけるべきことは、本に触発されて「不幸な道」に進まないことである。要するに、まちがった啓発を受けたために命を奪われたという人がいるのだ。

以前、科学的な知見が怪しいにもかかわらず、「医療を否定する」というテーマの本が大ベストセラーになった。そして、この本の著者から多大な影響を受け、著名人が亡くなったという報道があった。その著名人は、「もっと慎重になっていれば」と、その著者との出会いによって背負わされた後悔をブログに綴っている。その詳細は、小林麻央（一九八二～二〇一七）の「ブログ」を参照していただきたい（二〇二三年五月現在、観覧が可能である）。また、女優の川島なお美（一九六〇～二〇一五）も、同じ医師による疑惑の報道がされていた。

このように、「危険な本」のなかには、タイトルからして「いいのか⁉」というものまである。さらに「命の断ち方」を書いた本が数十年ほど前に発行され、実際に結構売れたという。こうした本は、生きる希望を失った人にとっては劇薬となる。「死」の方向へと背中を押され、一歩、また一歩と墓地へ進むことになるからだ。実際、命を絶った人の側にその本が置かれていたという話も耳にする。

「取り返しのつかない行動をする人」は、自分の主張に近い本しか読まない傾向がある（前掲した二人の場合、知人が医師を紹介したようだが）。著者の意見を鵜呑みし、自らの主張と同化させてしまう。個人の自由だからどうしようもないのだが、ひょっとしたら学校教育に欠陥があるのかもしれない。

時に教師は、「自分の主張をはっきり言いなさい」とか「自立した個人になりなさい」と教えている。だからといって、すべての子どもがその背景を理解するわけではない。逆に、「自分の立場」や「自分の意見」、「自立した個人」に対して懐疑的になるという子どももいるだろう。自分の意見を主張するだけでなく、偉大な人物の意見から学んだり、先人の思考回路を学んだうえで自らを確立していくように指導する――これこそが教育であろう。

読みやすさも手伝って、「自己啓発書こそが本である」と言う人も多いだろう。成長するに従って、子どもたちもこれらの本に出合う機会が増える。そして、ある一冊に出合ったことで運命が変わるという場合がある。正しいベクトルに乗ったうえで読み進めれば問題ないが、アクの強い、危険極まりない本を読むときには理性を保った判断力が求められることをふまえて、教師は指導をしなくてはならない。

とくに、小中学生のうちから哲学者のニーチェ（Friedrich Wilhelm Nietzsche, 1844〜1900）が私淑《ししゅく》の状態になると、「偏見まみれの思考に陥る」と主張している作家もいる（『バカを治す』適菜収《てきなおさむ》、フォレスト出版、二〇一〇年などを参照）。一流の本を通して著者に私淑すること自体は悪くはないが、年齢に適した思想があるというのも事実である。そのため、「選書」が極めて重要な読書指導となる。これについては第4章を参照していただきたい。

「先人の知恵」をヒントにした読書法

読書によって内面が変わったという人がいるかもしれない。「人を変える」ことは「人生を変える」ことにも通じる。

人は言語を使って思考している。その思考が行動を規定することもある。そして、行動が人生を形づくるため、どのような言葉をもっているかによって人生が規定されると言っても過言ではないだろう。もちろん、人生には「運」がつきものである。健康や出会いは、自分の力ではコントロールできない面が多々あるからだ。

しかし、である。自らを管理できる領域は想像以上に多い。たとえば、「一日の予定」を挙げる。社会人にとってタスクは必須であろう。その日に何をするのか。これらを言語化して、優先順位を決めることで効率は上げられる。

とはいえ、こうした過程を踏まずに仕事をする人もいるだろう。しかし、「その場しのぎ」で成果を出すことは難しい。やはり、状況に合わせてタスクを言語化し、優先順位を決めて行動するといったスタイルが必要になってくる（と思う）。

では、こうした力はどのようにして養えばいいのだろうか。「本で力をつけられる」というのが筆者の見解である。「タスクに沿った仕事術」などは、前記したビジネス書にも書かれているし、手帳を使用したり、クラウドを利用したりして成果を出した人たちが、惜しげもなくその技術を教えてくれている。現場に沿った知恵が「本」という形で残っているのだ。これらを知ることなく、自らの経験だけで時間を使うというのは実にもったいない。

実は、「時間術」に関する本は大人向けとはかぎらない。最近は、小学生向けの「時間術」の本も出版されている。なかには、「人間関係」に特化した本まであり、実際売れているのだ。とはいえ、図書室で「友達関係」の本を読むことには「抵抗がある」という子どももいるだろう。

たとえば、『友だち関係――自分と仲良く』（藤美沖、旺文社、二〇一五年）という本は、「学校では教えてくれない大切なことシリーズ」として人気がある。しかし、筆者が担当していた図書室に置いても、借りていく子どもは少なかった。ほかのシリーズ（「お金」や「法律」など）は人気があっても、『友だち関係』の貸出率は極端に低かったことを鮮明に覚えている。

高学年の児童は人間関係に悩みやすい。かといって、露骨に「人間関係」と表紙などに書かれている本を堂々と借りて、教室で読むといった子どもはいないだろう。そこで、購入をすすめたいのが、ビジネスマンが読むような本（会話術や時間術、人間関係論）である。「タイトルが気になる本」は、人目を気にすることなく読めるし、実際にそれらを読んで解決のヒントを得て、課題を解決していったという逞しい親子も実在するのだ。

ドイツの名宰相であったオットー・ビスマルク（Otto Eduard Leopold Fürst von Bismarck, 1815～1898）は、「愚者は経験に学び、賢者は歴史に学ぶ」という言葉を残している。この格言に影響を受けた人も多いだろう。本には、過去に悩んだ人たちの知恵や叡智の結晶が真空パックのように詰まっている。本を通した偉人たちとの対話によって「歴史から学ぶ」、それが読書である。

偉人から学ぶ重要性――スマホに人生を奪われないために

　前述したとおり、読書で学ぶというスタイルは「賢者の生き方」と言える。こうした考え方は「科学」という分野でも同じである。

「科学」は、先人たちの積み重ねのうえで成り立っている。家電製品を例に挙げてみよう。令和の現在、ゼロから電話をつくろうとする人はいないだろう。過去の科学技術を知ったうえで付加価値のある商品が開発されているという事実は誰もが知っている。

　しかし人間は、科学と違ってゼロからしか積みあげられない。生まれたときには、ほかの生物よりも「か細くて弱い存在」である。生まれたまま放っておかれると生きていけない存在、それが人間である。

　人間は、育児を受けて人生をはじめる。その後、ある人は自らの経験のみで生きていく。また、ある人は、他者から学んだり、本を読んだりして生きていく。どちらもそれぞれの人生であるが、その差は歴然となる。自らの経験のみで生きる人と、先人の知恵を継承する人では、人間性や人生観において明らかな差が出るように思われる。

　人類が誕生して約二〇万年。では、言語が生まれたのはいつだろうか。およそ五万年前と言われている。そして人類は、言語を身につけたのちに急激に成長を遂げていった。言語なしの数十万年と、言語ありきの数万年では、文明や文化の差が明らかである。それほど言語による継承は大きかった。

「人類最高の発明は言葉である」という説がある。また、「はじめに言葉ありき」と『新約聖書』(「ヨハネによる福音書」第1章)にあるように、言語の存在が人類に多大な影響を与えてきた。

その言語だが、「口述」という形で受け継がれてきたという歴史をもつ(古典芸能の世界では現在も)。事実、民俗学の世界では口述による伝承が常識となっている。と同時に、書物という形でも伝承は行われてきた。優劣の問題ではない。しかし、個人で手軽に学ぶとなると明らかに後者、本に軍配が挙がるだろう。

こんなことを考えていると、日本にはいつから「紙」というものが存在したのだろうかという疑問が生じてくる。筆者自身、その答えを知らないので、これから調べることにしたい。そして、現在、その「紙」の値段が急騰しているという。どうやら、かつてとは違った意味で紙は「貴重」なものになっているようだ。

そんな貴重な紙でつくられた本が現在あふれている。年間に七万冊以上が出版されているのだ。バブル期に比べればかなり少なくなったというが、一日に二〇〇冊ほどの新刊が書店やインターネット市場に並ぶという時代である。そんな時代に生まれた人が、本を読まないというのは実にもったいない。

現在は、人類史上においてもっとも「文字」が読まれている時代と言える。スマホを介して文字情報を得ているという人は、何十億といるであろう。では、ネット上の情報は教養を高めることに貢献しているのだろうか。どうやら、著名人には否定派が多いようだ。

スマホを開発したスティーブ・ジョブズ（Steven Paul Jobs, 1955～2011）の子育て観から考えてみよう。何と、ジョブズは子どもたちにスマホを持たせなかったようだ。「教育上、問題がある」として、自身が開発した文明の利器をわが子に持たせなかったという事実に驚いてしまう。また、フェイスブックの創始者であるマーク・ザッカーバーグ（Mark Elliot Zuckerberg）も似た教育をしていたという。

こんな話もある。

スウェーデンの精神科医アンデシュ・ハンセン（Anders Hansen）が『スマホ脳』（久山葉子訳、新潮選書、二〇二〇年）という本を著し、日本でも話題になった。それを証明するように、この本に関するレビューの数が約五八〇〇件（アマゾン、二〇二三年二月）となっていた。この本に書かれている主張、ひと言で言えば「スマホが脳の構造を破壊している」というものである。

国内の教育者や脳科学者のなかにも「スマホ否定派」が多い。それほど忌み嫌われているスマホだが、時代の流れには逆らえないだろう。今さらスマホを手放すことはできないし、筆者も活用している。とはいえ、管理する方法はある。さらに、「スマホの悪影響」を伝えたうえで使用方法を改善することも可能であろう。

要は、強制的に禁止したり、管理するのではなく、趣意を説明したうえで使用方法を見直すことである。そこに説得力と納得感があれば、子どもたちもスマホを有効に使用するようになるだろう。スマホを上手に使い、「本」という、テーマに沿って圧縮されたコンテンツを武器にすることができれば、誰しも教養を高められるのだ。

スマホに人生の貴重な時間を奪われることなく、本を読むことで客観的な思考を身につけ、人類の歩んできた進歩の歴史を継承するという生き方が賢明だと思うが、いかがだろうか。

実証！　美容につながる読書術――「顔つき」が変わった兄弟の物語

「カリスマ」と呼ばれた国語講師である出口汪《ひろし》氏の本に興味深いエッセイがあった。「本の読み方」や「読書量」で顔つきが変わる、といった内容である（『自分を変える！　ロジカル・シンキング入門』中経出版、二〇〇六年を参照）。

もちろん、本を読むだけで美容効果があるわけではない。しかし、同窓会で観察すると、本を読んでいる人はキリッと引き締まった顔つきである、と主張している。出口氏によると、本を読むことで「気持ち」に変化が起こるという。たとえば、本を読み、目的意識をもつことで気概ができる。目標が定まり、それに向けて一心不乱に取り組む。こうなると顔つきに変化が出る――そんな思想であった。

出口氏の本を読んだ数日後、友人に尋ねたことがあった。学生時代に本をむさぼり読んでいたときの筆者の「顔つき」について尋ねたのである。答えは至ってアッサリしていた。「顔つき？何も変わっていない」と即答された。

しかし、である。卒業論文の締め切りとアルバイトの慌ただしさで、人生最大級の多忙さを迎えていたときのことだ。死に物狂いで資料の検索や論文の執筆、そしてアルバイト（家庭教師と学習塾）を続け、睡眠時間を削って過ごしていたとき、たまたまこの友人に再び会った。そのときに言われたひと言は今でも忘れていない。

「なんか凛々しいな、お前の顔つき！」と。

心の中でガッツポーズをつくった刹那、「顔つき」は知的な生活がもたらしたのではなく、卒論と仕事に追われるという生活の喫緊《きっきん》状態がつくっていたと分かり、我に返ったことがある。

その後も、読書で「顔つき」が変わったと思われることがある。それは、必死に学問の世界に没頭していたときではない。その逆で、教育の世界で悩み、人間関係においてもつまずいていたときである。

当時、メンタルを整える意味で小説を読んだ。異常に癖の強いドストエフスキー（1821〜1881）の小説（『カラマーゾフの兄弟』や『罪と罰』など）や、南宋の曾先之《そうせんし》（生没不詳）によってまとめられた歴史読本で、四〇〇〇人以上もの人物が登場する『十八史略』（今西凱夫訳、三上英司編、ちくま学芸文庫、二〇一四年）などを読みあさっていた。

目的に沿ったうえでの「乱読」だったが、人間関係の複雑さや理不尽な世界を知り、不思議と心のわだかまりが払拭されたような気がした。同時にスーッとし、モヤモヤが消えたのだろう、「何か元気になったなー」と友人がひと言。また「顔つき」を指摘されてしまった。

いずれの場合も、読書が関与していた。どうやら、本を読むことで心に変容が起きるようだ。心と体はつながっているためか、表情にも変化がもたらされたのだろう。

城山三郎（一九二七〜二〇〇七）と伊藤肇（一九二六〜一九八〇・雑誌「財界」の編集長）との対談集において、「通勤電車の中で本を読む人とスポーツ新聞を読む人とでは顔つきが違う」という記述があった（『サラリーマンの一生』角川文庫、一九八六年を参照）。また、城山は、「本を読む人は年をとってからの老け方が違う」（前掲書を参照）とも述べていた。

本を読むと元気が出る。また、悩んだときに読書をすることで「己を励ます」という効果もある。ご存じのように、ストレスが原因で肌に影響が及ぶことがある。この考えが正しいのなら、本を読んでストレスを解消し、肌に悪影響が及ぶという状況も回避できるかもしれない。いずれにせよ、城山が「読書は若さと因果関係がある」と主張しているところは興味深い。

教え子のなかにも、「読書（勉強）で顔つきが変わった」という例は枚挙にいとまがない。そのなかでも激変と言える事例は、教員三年目に出会ったBさんである。夏休み中、受験勉強と弟（小学三年生）の世話に追われていたBさんは、一二歳とは思えない生活を送っていた。

家庭の都合で親は働いており、学習塾に通えなかったBさん。弟が目覚めると勉強に支障が出るため、午前四時半に起きて三時間ほど勉強していたという。弟が起床すると遊び相手となり、隙間時間ができると勉強をする。弟が昼寝をしている間にも勉強をし、夕方になると夕食の買い物にまで行っていた。そして、午後八時前後に親が帰宅して余裕ができると、一〇時過ぎまで再び勉強。そんな壮絶で、濃密な夏を四〇日間も送っていた。

九月一日、始業式でBさんに会ったときの、引き締まった凛々しい表情が忘れられない。「どうした？」と理由を尋ねても「元気です！」の一点張りで、理由を言うことはなかった。その四日後、個人面談の際に前述した

ような「夏休みの実態」を保護者から聞いて、凛々しくなった表情に納得してしまった。一二歳の子どもでさえ、喫緊《きっきん》の生活を過ごすと「顔つきが変わる」という現実を知ったのだ。

その後、Bさんは関西圏の国立大学に合格し、在学中に司法試験を突破して、現在は関東圏内で弁護士として活躍している。

実は、この話には続きがある。そんな兄の姿を間近で見続けた弟が猛勉強の末に医師になったと聞いて、さらに驚いてしまった。

「読書指導」から話は逸れるが、Bさんの生き方を知って「家庭環境の影響は見逃せない」と再認識できた。そして、子どもでさえ、生き方次第で「顔つき」に差が出ることも分かった。この「顔つき」については、冒頭で紹介した出口氏の本を学生時代に読んでいたからこそ気づいたと思う。視点があったからこそ、読書や勉強による因果関係が分析できたと自負している。

化粧水や保湿剤に加えて、毎日本を読む。もしかしたら、知性的で若々しい「顔つき」になるかもしれない。

タイムマシンよりも効果がある本の力

『ドラえもん』（藤子・F・不二雄、小学館）は「国民的なアニメ」と言ってもいいだろう。本だけでなく、テレビ、映画とさまざまな媒体で作品が発表されており、半世紀ほどにわたって、およそ三世代から絶大な人気を誇っている。これほどのモンスターアニメは早々見当たらない。

最近知ったことだが、『ドラえもん』を使ってレジリエンス（困難や脅威に直面しても適応する力）の授業を行っている教師がいるという。本書と同じ出版社からその教育実践が出版されるというので、筆者も是非読んでみたいと思っている。

さて、『ドラえもん』のなかでもっとも人気のある道具は何だろうか。世間的な認知度も含めて「タイムマシン」は外せない。のび太の机に入ることで、過去や未来の世界へ行くことができるというこの道具、アインシュタイン（Albert Einstein, 1879～1955）もそれに似た理論を唱えていたが、もちろん実現していない。

では、タイムマシンの実現は不可能なのだろうか。もちろん、「物理的」には難しいだろう。しかし、「心理的」には疑似体験が可能である。そのためのツールとなるのが読書である。

本を読むという行為は尊い。たとえば、「古典」と呼ばれる書物を読むと、何千年も前の著者と対話ができるのだ。古代ギリシャのプラトン（BC427～BC347）やアリストテレス（BC384～BC322）といった哲学者の言語に触れることで一〇〇〇年単位の時空を超えて考えることができる。実際、このように感じている人が多いと思われる。現在でも、彼らが著した本や評論が売れていることがそれを証明している。

また、深い思考をしている様子を体感することもできる。歴史に名を残した偉人たちの叡智に触れることで、それが可能になる。タイムマシンで過去に行っても、これほど尊い体験はできないだろう。つまり、物理的なタイムマシンよりも読書による心理的な効果のほうが価値は高い、というのが筆者の見解である。

しかし、この域に至るためには条件がある。「正しい読み方」ができるのか、ここが最大のポイントになる。この力がないと、「本に喰われる」という悲惨な状況に陥ってしまう。

正しい読み方とは、言ってみれば思考力に近いだろう。「自分ならこう考える」という知性、この理論武装があってこそ、「本に喰われる」という状況は回避できる。「考える」という行為は、己の視野の狭さや偏見まみれの判断を自覚したときにはじまる。こうした自発的な行為こそ、「考える」ということだろう。

ドイツの哲学者ショーペンハウエル（Arthur Schopenhauer, 1788～1860）は『読書について』（斎藤忍随訳、岩波文庫、一九八三年）という本で、「本は他人の考えをなぞる行為にすぎない」と、本に喰われることに警笛を鳴らしている。このような状況を回避するためには、本を読みながら（または読後に）「考えること」が必須となる。また、加藤周一（一九一九～二〇〇八）は『読書術』（ワニブックス、一九六七年などを参照）において、「一時間、本を読んだら、三時間は考えよ」と主張している。博覧強記で著名な出口治明氏も、『本の「使い方」』（KADOKAWA、二〇一四年）で「読後の思考」を強く推奨している。

考えるためには言語が必要である。言語の集積である本を読むことで思考回路に刺激が加わる。この刺激によって、先入観や知識の浅はかさが明確になる。その積み重ねが思考力の養成に直結していくと思っている。

そのためには「良書」を読むことである。とくに「古典」と呼ばれる本にはハズレが少ない。選書する自信がない人は、古典に触れるのがその一手となるだろう。

「B層の研究」シリーズ（ワニの本など）で有名な作家の適菜収《てきなおさむ》氏は、「読書により過去の軸とつながらないと、刹那的な今を生きることになり、人間がだめになります」（『遅読術』ベスト新書、二〇一九年、二六ページ）と、古典を読むことの重要性を説いている。

「古典に触れる」というタイムマシン的な行為は、自己を振り返ったり、再構築したりするための術として最適と言えそうだ。

「野生の勘」を劣化させない読書術

『失敗の本質』（中公文庫、一九九一年）などの著書がある野中郁次郎氏（一橋大学名誉教授）は、「学校秀才」を否定している。なぜ、秀才に対して否定的なのだろうか。「遺伝子レベルでズレている」という思想が野中氏にはあるようだ。二〇二一年四月に発売された『野生の経営』（共著、KADOKAWA）では、マニュアル（「学校秀才」を含む）は人間本来がもっている直感や創造性を劣化させる、と述べている。

この本でも紹介されている概念の一つに「ストリート・スマート」がある。この概念は、すべての現場・現実・現物に対して、ありのままに向きあうことである。すべての先入観を排除し、表象の背後にある意味を抽出したうえで臨機応変に対応する。人類が狩猟民族時代から生き抜いてきた概念こそが「ストリート・スマート」と言えそうだ。

一方、「ブック・スマート」や「アカデミック・スマート」とは、前述した「学校秀才」のことである。彼らは現実のただ中で、「いま・ここ」で起きている状況を全身全霊で、五感を使って考えることがない、と野中氏は言っている。

教育の世界にも似たような状況がある。たとえば、ビジネス界に存在している実用書の類である。ご存じのように、教育界にも多数のマニュアルが存在している。「授業の方法」や「子どもとのかかわり方」など、その数は万単位に上るだろう。

こういった本は、参考にはなっても現場でそのまま使うのは難しい。学んだ知識は、現場で応用することで初めて成果を見いだせるからだ。知識は「視点」や「ヒント」として捉え、現場で思考を重ねてこそ課題解決の一助となる。

筆者自身も、これまでに教育書を読んできた。成功実践を学ぶことで現場に落としこみ、実際にうまくいったことも多い。とくに授業実践では、子どもたちへの問いかけや学習に合った資料の紹介など、大いに参考になった。

また、本で失敗例を知ることで「反面教師」としたこともある。特別支援教育を学び、知られざる子どもの実態を垣間見たことで指導方法が変わった。離席した子どもの内情を知ったことで、刹那に湧く負の感情を払拭することができたのだ。

離席する（体を動かす）ことで、精神を安定させる物質であるセロトニンなどが出る。こうした医学的な知見に基づいた視点は、一人の教師による経験だけで気づくことは難しい。本から学ぶことで視点をもち、現場での対応が可能になるという事例が多々あったのだ。まさに「学問」の分野と言える。

しかし、である。教育界には「学問」と呼ぶにはほど遠い、マニュアルに似た本も存在している。「高学年女子の完全マニュアル」や「一〇〇パーセント成功する授業の仕方」といった、大袈裟なタイトルをうたう本が目立つようになった。それだけに、選書には気をつけたい。

言うまでもなく、教育書の歴史は古い。図書館に行くと、六〇年以上も前に書かれた本もある。このような教育書が「売れていた時代もあった」と編集者から聞いた。三〇年ほど前の教育書は、どの本を見ても一ページに書かれている文字数が多い。こうした本を、当時の教師たちは必死になって読んでいたのだろう。

しかし、令和の現在、売れている（だろう）教育書にはエンタメ感が垣間見える。文字数が極端に少なく、図やイラストが多用されており、「過剰」とも言えるほど読みやすくつくられている。このような事実、教師が学ばなくなった教育界を顕著に表しているとも言える。また、本を読んだとしても、前出の「ブック・スマート」に収まってしまうだろう。つまり、「いま・ここ」を軽視した実践になり、うまくいかないということだ。

実際に同業者に聞いても、若手教員においては本を読まないという傾向が進んでいるようだ。たとえ読んでいたとしても、エンタメ感満載のものが多いと聞く。これでは、現場での直感を養うことができない。「いま・ここ・私だけ」が感じる質感（クオリア）を実感する機会がなくなってしまうかもしれない。

では、どうすればいいのか。もちろん、本を読むことが極めて重要となるのだが……その意義がなかなか伝わらない。「本を読む」という敷居を低くするために、前述したようなポップな本を読むことも否定しないが、そのままで終わると、やはり教育界においてはとくに危険となる。それらは、あくまでもきっかけとすべきだろう。

脳科学者の茂木健一郎氏は、『脳が目覚める「教養」』（日本実業出版社、二〇一九年）のなかで「静的教養」と「動的教養」という二つの概念を紹介している。前者は主に読書であり、後者は講義や実践の場である。

茂木氏は、静的と動的のバランスの大切さを推している。冒頭で紹介した野中氏も動的な教養をすすめている。言ってみれば、人間臭さを重視した野生的な感覚である。

となると、こういった感覚をどのようにして養えばよいのだろうか。結論、野生を磨くためのマニュアルはない。しかし、本を読み、本質を抽出しながら実践を重ねることで適応できるかもしれない。詳細は野中氏の著書に譲るとして、学びながら五感をフルに活用するというのが筆者の見解である。

本の選び方で失敗しないために——受験の結果を大きく左右する選書の力

本には「ジャンル」がある。社会学者・評論家の清水幾多郎（一九〇七～一九八八）は「実用書」、「娯楽」、「教養」の三つに分けていたが、このジャンル分けには疑問が残る。ある一冊の本を読んだ際、全員がこの三つのジャンルと一致するわけではないからだ。

たとえば、司馬遼太郎（一九二三～一九九六）の小説を読んだとする。一般の人にとっては「娯楽」の分類に入るだろうが、一部の人にとっては、歴史書として「教養」の分野に入るかもしれない。また、司馬の本から戦略を学んだ人にとっては「実用書」となるだろう。

このように、本の受け取り方は十人十色だ。よって、選書の際、ジャンル別にこだわる必要はない。しかし、参考書や問題集などの選書においては、大人の支援が必要になる。

受験生にとっては、参考書や問題集が志望校を突破するための必須のツールとなる。書店には「合格するための参考書」とか「偏差値をアップさせる問題集」などといったキャッチコピーが書かれた本が販売されているが、ここでも「選書」に個人差が出てくる。読み手である受験生に思考力がなければ、「売り上げ第一位の本だからまちがいない」と反射的にオススメの参考書を選んでしまい、その結果として、時間と労力が無駄になる可能性がある。

では、こうした悲惨な結末を防ぐためにはどうすればいいのだろうか。結論は、読み手側の思考力や判断力の有無となる。参考書は、明らかに文芸書（小説など）とはジャンルが異なる。「論」が中心の参考書には、読み手の力が求められるからだ。

一方、小説などの文芸書は読み手の解釈が異なっても問題はない。むしろ、年齢や人格などで解釈が異なってくるというのが当然である。一方、参考書で「いや、この考えは違う」となれば、問いに正対する答えを導くことができない。また、「この著者は何を言っているのだ?」となれば、読者の理解力（学力）に疑問が生じてしまう。

受験界の選書は、読み手である受験生の学力に規定される。学力さえあれば、参考書や問題集の内容を理解することができるし、「もっとレベルを上げるか」とか「幅広い知識を身につけたい」といったように選択肢も広がるので、まずは自らの学力を知ることが必須となる。要するに、受験生の選書においては、「己を知って判断すること」が求められるということだ。

さらに、受験生をもつ保護者にはこのような視点の重要性を訴えたい。低学力の受験生ほど思考力が劣っており、選書という視点がないために、「量」を重視して参考書や問題集などを「爆買い」するといった傾向があるからだ。ここで選書のポイントは、「ジャンルの細分化」である。子どもの実態を把握したうえで、範囲を絞った選書が求められる。

たとえば、英語の場合、「英語の総合力を高める」といった範囲の広い参考書ではなく、実態に沿って細分化し、「英文法」や「語法」など、苦手なジャンルに絞った選書が肝要である、と筆者の失敗歴からも言える。「実態に合った本」に渾身を込めて取り組むと、学力が一気に上がるものだ。これは、筆者の経験や教え子たちの体験談からも言える。学力が低く、思考力のない子どもにとっては大人の支援が重要となる。

本は安い——定価の一〇〇〇倍以上も効果を生む本がある？

グッチやロレックスなどといったブランド品の値段は高い。しかし、ブランドによっては「実は安い」という考え方もある。たとえば、「ジョン・ロブ」（イギリス）という革靴のブランドがある。最低でも数十万円はする高価な靴であるが、ジョン・ロブの靴は二〇年ほど履くことができるという。結局、安上がりとなり、一度履くと手放せなくなるという中毒性をもっている（と、友人が熱く語っていた）。

ジョン・ロブの存在を知ったとき、「本も同じような存在だ」と考えた。たった一冊でも一生付き合える本が見つかったら、「安い！」と思える。読めば読むほど、内容に深みが出てくることもあるだろう。

さらに、本は靴ほど高くない。人生を貫くバイブルと出合うことができれば、「安すぎる！」と言える。事実、本を読み続けると、そんな瞬間を経験することがある。しかも、安価な投資で一生モノの体感ができるかもしれないのだ。これほどコスパのいい投資がほかにあるだろうか。

本の良さはそれだけではない。まず、情報量がすごい。映画や映像、音楽に比べると、本に書かれている情報の濃縮度は高いのだ。言葉の配列は無限大であり、その組み合わせ次第では「奇跡」のような思考状態に入ることもできる。要するに、知の巨匠たちが紡いだ「言語の結晶」を味わえるということだ。

先ほど紹介した茂木健一郎氏は、「読書は脳トレにも良い」と強調している。古今東西の巨匠が言葉を駆使して脳に影響を与える。読書は積極的な行為のため、脳内には活動的なシナプス（脳内物質）が連結していくという。人は言葉を使って考える。その言葉は、叡智に満ちた著名人が導いたものである。となると、賢くならないわけがない。前述したとおり、読書ではそんな体験が安価にできる。

さらに、読書の効用はそれだけではない。「ワクチン」という効果もある。ワクチンとは、体の中に毒（病原体）を少し取りこむことで「抗体」を身体内につくらせるというものである。読書で世の中の実態（真偽）を知ることは、脳内に抗体を取りこむようなものだ。社会を崩壊させかねない「毒素」とか「闇」を知り、それらに向きあうことでメンタル面において免疫ができる。医療用のワクチンとは違って、読書では副作用や後遺症はない（肩こりや眼精疲労は除く）。そして、ありがたいことにその効果が長続きする。

前述したイジメを体験した子どもたちは、読書によって「ワクチン接種に似た状態」を脳内で循環させるという形で居場所を得た。歴史を繙《ひもと》けば、本で命を救われた事例もあるだろう。それほど本は稀有な存在である。

学校現場では教師、家庭では保護者が、「いかにして、実態に沿った本（良書）をすすめるのか」が重要となる。本には存在感があり、子どもの幸福度を左右するほどの力をもっているうえに、教育投資としても極めて安価な存在である。

小・中・高校にかぎらず、教育期間における「本とのかかわり」は、大人の支援（投資）が不可欠であると筆者は考えている。「最小の投資で最大の効果」が得られるかもしれない本という資本の存在は侮れない。そう考えると、「本は人類最高のブランド品」と言えるだろう。

旅がもたらす成長物語

立命館アジア太平洋大学の学長である出口治明氏。「知の巨人」としても有名な出口氏のベストセラーである『本の「使い方」』（前掲参照）のサブタイトルは「一万冊を血肉にした方法」となっている。教養を究めた出口氏、「成長の条件」を三つ挙げている。それは、「本」、「人」、そして「旅」である。

読書することで成長することは、ここまで述べてきたように容易に想像がつく。古今東西の知識を言語でインストールして知性を高めれば、成長につながるだろう。そして、尊敬する人を「師」と仰ぎ、直接的に享受することも成長には欠かせない。では、出口氏が提唱する要素のなかでもっとも理解しづらいと思われる「旅」は、なぜ成長につながるのだろうか。偉人を例にして考えてみたい。

たとえば、留学はある種の「旅」と言える。留学が「学問の世界」においては必須の条件だと言えるのは、歴史を繙けば共感していただけるであろう。ノーベル賞を受賞した日本人のほとんどが海外で学問を究め、その成果が賞につながっている（賞の存在や選出の方法に賛否はあるが）。そのような学者の名前、わざわざ挙げるまでもないだろう。

このように、留学も「旅」の一つと言える。本場の空気を体感することで、その環境の刺激が学問の戸を叩き、成果の光を導く――そんなイメージであろうか。

国内だけで成果を出すことは、世界的な賞を例に挙げるまでもなく極めて難しいだろう。グローバル化の概念が久しいなか、学問の分野こそ刺激的な「旅」が求められているように思える。

身近な例からも、「旅」が成長につながることは理解できる。たとえば、博物館である。館内には文化の叡智がぎっしりと詰まっている。こうした環境下で知を体感するだけでも知的な刺激が得られる。事実、博物館や美術館などの文化的施設からインスピレーションを得ている人は多い。『なぜ美術館に通う人は「気品」があるのか』(中谷彰宏、水王舎、二〇二〇年)という本があるほど、文化施設の効用は大きい。

筆者も文化的な施設から刺激を受けて、好奇心に火がついたことがある。修学旅行の下見で、ある博物館に行ったときのことだ。「学芸員」でもあった館長代理の人から施設の説明を受けたのだが、そのとき、館内に常設されていた実物にまつわるトリビア(豆知識)をいくつも教わった。

およそ四五分間の打ち合わせであったが、直後には「脳内が変わった」という感覚があった。つい一時間前とはまったく違った脳がそこにあったという感覚である。まさに、「脳内革命」と言える。

下見のあと書店に直行して、「学芸員から教わった知識に厚みと深みを加えたい」という欲に駆られた。気づくと八冊の関連本を購入し、図書館ではテーマに沿って一五冊ほどを借りてしまった。その結果、一週間で見違えるほどの知識が血肉化され、教え子たちに伝承することができた。

では、その教え子たちはどうなったか。

修学旅行後の一週間以内に、三四人のうち三一人が関連する本を借りていた。そのうちの一八人は、半年以内に、修学旅行で回った場所を再度訪れている（ある家族は四回も）。学芸員の知の深みに触れ、点火した好奇心の灯火がリレー形式で伝導していったわけである。

修学旅行から戻った子どもたちの変容は多岐にわたった。自ら歴史資料館を訪れたり、関連の資料を集めたりする子どもたちが激増したのだ。まさに、知的な「旅」が知識の伝導につながり、成長を促したと言える。

早稲田にある「新宿区立漱石山房記念館」。夏目漱石のすべてが分かるので是非訪れてほしいところである

本は尊い。冒頭の出口氏の成長の条件に「本」が入ることには納得がいく。また、学芸員という「人」から知的な刺激を受け、憧れに似た感情を抱くことは、学問への好奇心を加速させるエネルギーとなるだろう。さらに、修学旅行といった「旅」は知的な刺激の最高峰だと考えられる。

「本」だけに縛られず、また「人」という一次情報だけでもなく、「旅」という知的な環境からも成長は期待できる。「意図した旅」は、読書欲を一層高めることにつながるのだ。

第2章

本の読み方

読書は「技術」でもある

「ある映画」が開いた、言葉を追究する世界観

一〇〇万部突破の大ベストセラーであり、映画化もされた『舟を編む』（三浦しをん、光文社文庫、二〇一五年）を読むと「言葉にこだわる大切さ」が伝わる。主人公は馬締光也《まじめみつや》。馬締は不器用で口下手なため、営業職ではうまくいかず、辞書編集部へと異動した。ここから、物語は「言葉を追究する旅」へと突き進んでいく。

大学院で言語学に没頭していた馬締は、辞書編集部で水を得た魚のように言葉への執着を発揮すると同時に周りを味方にしていく。辞典（本書では『大渡海』）をつくることに渾身を込めながら恋にも翻弄されるのだが、恋文を書く場面を読むと心が癒されてしまう（「馬締の恋文」は『舟を編む』の巻末に全文が掲載されている）。

ところで、馬締の言動は言語教育（国語科）においい

ても参考になる。日常で使用する言葉について、「使用例（用例）」を意識しながら「用例採集カード」に記載していくという描写が何度も出てくるからだ。

馬締の上司は、現代の言葉を研究するために合コン（合同コンパ）にまで参加するほど職人気質な人物である。「コギャル」や「ルーズソックス」などの言葉に価値を見いだし、「他社や過去になかった辞書づくり」という哲学や理念、そして使命感に燃えている。当初は斜に構えていた同僚（西岡）も、上司や馬締の熱量に感化され、仕事のスイッチが徐々に入っていくという場面は、読み進めていくと爽快だ。

馬締の「言葉にこだわる執念」は、映画を観るだけでも心に響くだろう。実際、筆者も給食の時間に『舟を編む』（二〇一三年公開）を子どもたちに見せた。国語科の授業では「国語辞典の学習」というものがあり、同僚と管理職に相談し、許可を得たうえで視聴してもらったのだ。

一日およそ二〇分間の「映画鑑賞」は大好評であった。時間の制約があったため、区切りのよいところでＤＶＤを停止すると、「続きが観たい！」と大合唱。自宅で観るのとは違って、教室でクラスメイトと一緒に観るという状態は、どうやら映画館で鑑賞する感覚に似ていたようだ。

五日間で鑑賞が終わると、予想どおりの現象が起こった。国語辞典への意識が激変したのである。

公立学校では、国語辞典や漢和辞典が五〇冊ほど常備されていることが多い。図書室に常備していたり、「国語辞典を学習する学年の棚」に置いてあったりする。しかし、これまで「国語辞典の学習」は不人気であった。というより、筆者自身に授業での工夫がなかったのだ。

国語辞典を使う場合、「重い」とか「検索が面倒くさい」といった予想どおりの苦情が多かった。とくに、学力に問題のある子どもは、「分厚い本」という辞典の存在だけで生理的な嫌悪感を漂わせることさえあった。

しかし、映画『舟を編む』を観たことで、「辞典づくりの構造」や「つくり手の熱意」を知り、子どもたちの意識が確実に変容した。ヤンチャな子どもでさえ「『右』って言葉にも解説があるのか⁉」と、興味津々にページをめくっていたぐらいである。つまり、言葉自体に関心をもつ子どもたちが一気に増えたのだ。

映画鑑賞のあと、国語辞典への関心が高まって、小説

『舟を編む』を読破したあるグループ（女子三人）の変容は凄かった。「右」の意味では「体を北に向けたとき、東にあたるほう」（前掲書、二五ページ）という主人公の言葉に感動し、独自の「言葉クイズ」をはじめたのだ。そして、「『青』の意味は?」の問いに対して、「海の色」とか「信号で言ったら進む」など、単語の意味を馬締《まじめ》のように幅広く追求しはじめていた。

このように、言葉を追究していくと深い世界観を味わうことができる。また、言葉の意味を知って用例を学ぶことで「使いこなす」という技能を知り、そのうえで言語操作能力を鍛えることにもつながる。そうなると、日常の会話において、言葉を駆使した交流が行われるようになるだろう。

お笑い芸人たちは、日々ネタを探し、言語化してエピソードトークに磨きをかけているという。その際に使われるのは、言うまでもなく「言葉」である。もちろん、「動き」や「声の大きさ」、「間」などといったさまざまな要素がほかにもあるわけだが、大黒柱になるのは「言葉」ということで異論はないだろう。

本章では、会話が上達した事例や推理小説を読んで論理的思考力がついた教え子のエピソードなどを交えて、「言葉」がもたらした変容を紹介していきたい。

国 語辞典が切り開く言葉の世界

辞典を使った教育実践（「辞書引き学習」）で有名な人物と言えば、元立命館小学校校長の深谷圭助氏が挙げられる。子どもたち全員に国語辞典を購入させた深谷氏は、「調べた言葉のページ」に付箋を貼らせている。

「付箋の効用」を想像していただきたい。調べれば調べるほど付箋が増えていくのである。鬼の形相で調べる子どもたちの辞典は、まるでアコーディオンのごとく膨れあがることになる（筆者は、実際にその辞典を見て驚愕した）。

この実践は極めて有効である。調べた成果が視覚的に実感できるからだ。とくに、負けず嫌いの体育会系の子どもにとっては、「付箋を貼る」という知的な作業は効果的となる。体育会系の子どものなかには学力が低いヤンチャな子どももいるが、そういった子どもでも「量」を意識するのか、このような実践に関心をもつ場合が多いのだ。

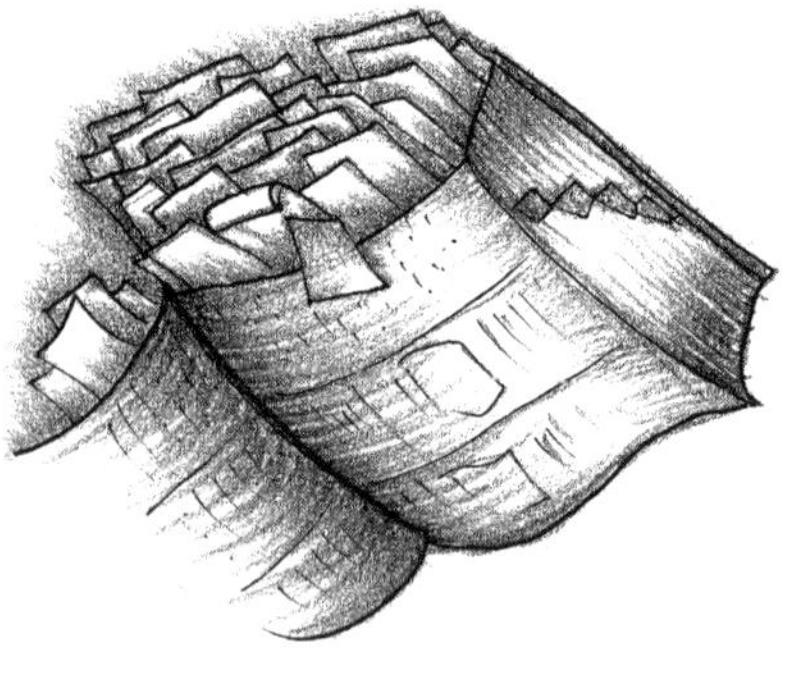

そのなかには、「勉強のできる○○さんより俺の辞典のほうが付箋の数が多く、見た目も厚い」と言い、自信の現れを垣間見せた子どももいた。

辞典を引くことへの抵抗がなくなると、言葉への興味が湧くものである。ある小説好きな子どもは、気になる言葉に出合うたびに辞典を引いていた。ヤンチャな子どものなかには、「付箋の数」を増やすためにあえて難解な本を選んで、「辞典の使用回数を増やす」いう猛者まで現れた。

こうした光景は、「知らない言葉は国語辞典で調べましょう」と指示しただけでは成し得ない。また、立命館小学校の実践に感化されて作業過程を真似しただけでも、うまくいかないだろう。学習の土台である「好奇心」が子どもたちにない場合、教師の言葉はスルーされるからだ。

「授業には、『順序』と『組み合わせ』がある」と筆者は考えている。言葉に興味をもたせたい場合に優先すべきことは、好奇心を喚起させることだ。前述した実践では、映画を観せたことが功を奏したと言えるが、映画鑑賞だけでは刹那的に関心をもって終わりという場合もある。となると、「映画で好奇心を喚起したあとに何をすればいいのか」という行動指針が必要になる。先の実践では、「付箋を貼る」という教育実践を参考にしたことで行動に移すことができたほか、好奇心の継続も可能となった。

二〇二三年三月、「百人一首」をテーマにした『ちはやふる』（全五〇巻、講談社）の作者である末次由紀氏がカバーイラストを担当する国語辞典と漢和辞典が発刊された。末次氏が担当したという事実は大きい。これまでも辞典でイラストが使用されることはあったが、「人気があり、知名度がある」という理由だけで漫画のキャラクターが使用されていた感が否《いな》めなかった。

今回は、国語教育と関連のある著者がイラストを担当したため、発売前から教育関係者からも「辞書離れが減るのでは」と期待されていた。この辞典で付箋を貼るという実践を行えば言葉への関心がさらに加速できるのではないかと、筆者も同じく期待を寄せている。


国語辞典は、出版社によって編集方針や理念などが違ってくる。編集者の哲学、またはイデオロギーが反映されるからだ。総合力で強いのは『集英社国語辞典』（集英社）である（あくまでも独断）。語釈がスマートで、知識量が豊富であるからだ。一方、「独特の解説」で古くからのファンをもち、日本一の売り上げ冊数を誇っているのが『新明解国語辞典』（三省堂）である。

国語辞典は大きく三つ（大型、中型、小型）に分類される。大型の最高権威は『日本国語大辞典』（小学館）であり、およそ五〇万語が収録されている。一三巻のうえに別巻まであり、「量」では圧倒的な巨大さを誇っている。中型は『広辞苑』である。あれだけの厚さ、「大部の書物」というイメージのものでも、「辞典の世界」では中型に属している。そして、小型が前述した『集英社国語辞典』などだ。一般的に使用されている辞典は「小型」となるが、それほど「言葉の世界」は幅広く奥行きがあるということだ。

学校教育では小型を使用することが多いだろう。選書の基準として、「序文（凡例）」を比較することが賢明だと筆者は考えている。前述したように、編集者の哲学などが書かれているからだ。ぜひ、自分に合った国語辞典を探して、言葉の世界を楽しんでいただきたい。

ハーバード式、親子を幸せにした「読み聞かせ」の実体験

みなさんにとって「印象に残っている絵本」は何だろうか。また、親に読んでもらった本のなかで、「心に響いた場面」などはあっただろうか。

実は、ハーバード大学（アメリカ）に興味深い研究があるので紹介したい。寝る前のひと時、寝室で行われることが多い「読み聞かせ」の研究である。対話を通した「読み聞かせ」によって思考力や読解力が身につくという、夢のような研究成果である（「日本経済新聞」二〇二二年一〇月一八日付夕刊参照）。

「読み聞かせ」の重要性は周知のとおりである。「寝る前の習慣化」を促している「東大医学部の合格指南ママ」こと佐藤亮子氏は、年間三〇〇〇冊の読み聞かせを奨励していた。それほど、幼少期の「読み聞かせ」は子どもにとって重要ということだ（「量」についての賛否はあるが）。

古今東西、「読み聞かせ」という行為は存在していたと思われる。本のない時代には、「語り」という形で伝承されてきた。現在はというと、「読み聞かせ」として寝る前に絵本を読む場合が多い。「寝る時間です。今日の絵本はこれ」と親が選書したり、「お母さん、これ読んで！」と子どもが依頼する場合もある。いずれにせよ、本が決まったら、親が字面を追って音読するというのが一般的である。

ハーバード大学の研究に話を戻すが、当大学では「読み聞かせ」について、日米間の比較調査も行っている。それによると、日本の場合は子どもとのコミュニケーション、つまり「情操教育」が軸になっていた。一方、アメリカの親は「教育自体」が目的となっていた。アメリカでは、「読み聞かせ」を通して語彙の習得や思考力の養成、読む力の向上を意識しているということだ。

では、アメリカではどのような「読み聞かせ」を行っているのだろうか。結論から述べると、「対話」がその柱となっている。これはアメリカの研究者が考案したもので、「ダイアロジック・リーディング」と呼ばれている。具体的には以下のようになる。

❶「森の中に誰がいる？」、「この動物は？」など絵本の「ある場面」を切り取って発話を促す。
❷「うさぎさん、いるね」、「よく分かったね」と「答え」を反復しながら褒める。
❸「白いうさぎさんだね」と答えを「補助」し、「ほかには？」といった質問を繰り返す。
❹「そうだね、ほかにはカメさんがいるね」と反復して、子どもの理解を促す。
（前掲「日本経済新聞」を要約）

このような形で、子どもが興味をもった場面において「対話」が繰り返されているようだ。この四つの流れが「難しい」とか「慣れない」という場合は、5W1H、つまり「いつ」、「どこで」、「何を」などの質問が有効だという。

たとえば、「この動物は？」と尋ねて「うさぎ」と答えさせたり、教えたりすることで語彙が増えていく。「何色？」とか「何をしている？」と問うことで、思考力や読解力が養われていく。また、深く読みこむことも可能になるようだ。

実際、筆者も子どもに対してアメリカ式となる「対話形式の読み聞かせ」を行ったことがある。最初は、「なんで急に聞くの？」とか「どんどん読んでよ」とイライラさせてしまった。寝る前の「読み聞かせ」を習慣にしていたが、読むスタイルが急変したことで親子そろって戸惑ってしまったわけだが、このような「ストレス期間」は三日ほどで氷解した。

ポイントとなったのは、「二回読み」であった。一回目はこれまでどおり「親主導」で読み、「子どもが興味をもった本」に関しては、二回目のときに「対話」を取り入れた。つまり、「もう一回読んで」と子どもがアンコールした本で「対話形式」を行ったわけである。

子どもにかぎらず、人間は反復行為に飽きを感じる場合がある。この特性をふまえて、「次は尋ねながら読むよ」と予告してから読み聞かせを行ってみた。すると、これまで受け身だった子どもの姿勢がガラッと変わった。

とはいえ、「対話式」に慣れてからも親子そろって戸惑うことはあった。「その質問、しつこい」とか「よく分からない」と拒絶されることがしばしばあったのだ。しかし、「量質転換」が働き、量を重ねて子どもが興味をもつポイントが見えだしたあたりから質問の「質」が向上し、子どもに積極的な姿勢が見られるようになった。こうなればしめたものである。その後は、子どもが「対話形式の読み聞かせ」を楽しみにするようになった。

実は、「対話形式の読み聞かせ」において効果があったのは子どもだけではなかった。読み手の大人側（つまり筆者）にも変容が見られた。これまで、何となく行っていた寝る前の「読み聞かせ」だが、同じ絵本に飽きてしまって惰性で読んでいたところがあった。しかし、対話形式で怠惰な感覚が激変し、「この本では何を聞こうか？」と、積極的な姿勢に変わったのだ。当然、読みながら頭が活性化する感覚を味わえるようにもなった。

それだけではない。「読解力をつける本はないだろうか」とか「この本は思考力がつくかもしれない」と、選書する段階から筆者自身がワクワクするようにもなった。「対話形式の読み聞かせ」は、子どもだけではなく、親まで幸せにする魔法のようなメソッドであると実感している。次は、落語を例にした「読み聞かせ」の事例を紹介したい。

落語家気分の「読み聞かせ」で読解力が上がる？

古典落語のなかには、「読解力の向上」に効果がありそうな演目がある。「読み聞かせ」をきっかけに読解力が上がるかもしれない、そんな「古典落語」が存在するのだ。その演目は『桃太郎』である。『桃太郎』というタイトルからも分かるように、世代を問わず人気のあるお噺の一つである。

落語の『桃太郎』を簡略化すると、子どもを寝かしつけようとして親が「読み聞かせ」をしている最中、賢い（生意気な？）子どもが鋭い質問や解説を投げ掛け、それを聞いている親が納得してしまうという内容である（三遊亭鳳志の落語を参照）。

「むかし、むかし、あるところに」ではじまる「桃太郎」は、誰もが知っているであろう。そこに、子どもが随所に突っこんでくる。「昔々って、いつ？」とか「西暦では？」など、細かな年代を質問してくる。答えに困った親は沈黙してしまう。そこで子どもが、「年代や場所を細かく決めると話が広がらないでしょ」（筆者が要約）と解説する逆転現象が、この落語の面白さの一つとなっている。

また、おばあさんが川へ洗濯に行く場面では、「なんで、海じゃなくて川なの？」と尋ね、困惑する親に対してズバッと子どもがひと言、「海だと塩があって洗濯にならないからね」と再び解説がはじまる。

このように、話の端々で質問と解説を繰り返す賢い（生意気な？）子ども。そんな理屈にまみれた状況に辟易しつつも聞き入ってしまい、「親が先に寝てしまう」というのがこのお噺のオチとなっている。

オチと言えば「笑い」が浮かぶ。世の中には、職人のように笑いを追求する芸人がいる。なかには、「笑い」を芸の域まで昇華させるために落語を学ぶという人もいる。有名なところでは、「話

芸の天才」と呼ばれている千原ジュニア（一九七四年生まれ）だ。千原氏は、落語に憧れ、敬意を称して自身の番組で「座布団のうえには宇宙がある。体一つで笑いをとる潔さがある」と語っている（『ちはらくご～ジュニアが知りたい噺家の世界』関西テレビ、二〇一六年一一月二七日放送を参照）。さらに落語の理論を追い求め、両国国技館で落語を披露するといったほどの猛者である（二〇一四年三月三〇日）。

現代においても、落語には「話芸」としての価値がある。それほど落語は「言語の価値」を考えさせてくれる。また、論理（ロジック）にも通じている。

落語のはじまり（冒頭）は雑談に近く、「枕」と呼ばれている。落語の凄いところは無意識に時間が経過することである。「枕」で話がはじまり、気がつくと「本題」に入っている。現代の雑談（枕）から、一五〇年以上も前の江戸時代の話（本題）へとタイムスリップしてしまうのだ。「枕」から「本題」へと無意識に引きこまれる、そんなロジックの効いた落語（話術）を聴くと、思わず感嘆してしまう。

話芸一つで時代を往復する。それほど落語には「言葉を通して心を揺さぶる」という魅力がある。一〇〇年単位の蓄積が聴く者を凌駕するのだろう。普段の「読み聞かせ」においても、親が落語家になったつもりで、日常の何気ない話（枕）から本の世界（本題）へと子どもを誘うことは可能だろう。

先に述べたハーバード大学の研究である「ダイアロジック・リーディング」や日本の偉大な文化である「落語」を真似した「読み聞かせ」は、工夫一つで誰でも行うことができる。その結果、読解力の向上も期待できるというのだから、みなさんもチャレンジしてみてはいかがだろうか。

児童書で「会話上手」になった驚異の事例

『人は話し方が9割』（永松茂久、すばる舎、二〇一九年）という本が売れた。三年連続「年間ランキング一位」と謳われているように、二〇二三年二月現在、一〇〇万部を超えるベストセラーになっている。

これまでも「話し方の本」は売れてきた。『頭がいい人、悪い人の話し方』（樋口裕一、ＰＨＰ新書、二〇〇四年）に至っては、二五〇万部を超えるメガヒットになっている。それほど、現代人は会話への関心が高いと言える。

大人だけではなく、子どもにとっても会話は重要だ。友だちとのかかわり方一つで関係性が変容する場合があるからだ。この関係性だが、学校という空間においては、もっとも重要な「居場所」が規定される場合がある。

もちろん、共通の趣味や感覚で「合う」、「合わない」ということはあるだろう。しかし、自我が目覚める小学四年生あたりから、人間関係において「会話」は極めて重要となる。他者意識をもち、相手や状況に合わせた会話ができるかどうかで友だち同士の評価が上下し、「居場所」が規定されてしまうからだ。言うまでもなく、会話が苦手なことでイジメに遭うという可能性もある。もっとも、これは大人も同じであろう。

これまで多くの教え子とかかわってきたが、そのなかには会話を苦手とする子どもたちもいた。もっとも記憶に残っているのは、四年生のときに担任したＣさんである。Ｃさんは、低学年のころまでは、幼稚園時代から仲のよかった友達とかかわることが多かった。その後、クラス替えでその友達と離れてから人間関係で悩むようになった。仲のよかった友達と離れたことで、誰とも話せなくなったのだ。

会話は簡単ではない。読者のみなさんも、雑談などでつまずいた経験があるかもしれない。大人でも容易ではない雑談や会話。それを一〇歳前後の子どもがすんなりとできるとは思えない。しかも、これまで以心伝心で通じあっていた友達と離れることになったのだから、なおさらである。「阿吽《あうん》の呼吸」に似た感覚でかかわっていた状態から新しい人間関係を構築することの困難さ、十分に想像できる。

では、学校で会話の学習をすることはあるのだろうか。たとえば、国語科には「話し合いの学習」というものがある。また、道徳科で「友だち関係の課題」について話し合うこともある。しかし、机上の学習だけで「会話という技能」が上達できるはずはない。「知るという技術」と「実践できるという技能」は別物であるからだ。水泳の本を読んだだけで泳ぐことはできない、それと同じである。

冒頭で紹介した会話関連のベストセラーを読んでも、すべての読者が「上達する」ということはありえないだろう。ましてや、経験の乏しい子どもが上達するのは極めて困難となる。しかし、前出のCさんは、本と出合ったことで人生観が一変した。児童書で「会話文」を中心に読み、「地の文」を含めて、状況をイメージした読み方を行って人間関係の壁を突破したのである。以下で、具体的に紹介しよう。

クラス替えのあった四月、Cさんの実態を知っていたので様子を見ていた。予想どおり、ポツンと一人で過ごすことが多かった。宿題にしていた日記でCさんは、「○○さん（親友）とクラスが違うことで友達がいないから学校が面白くない」といった内容を書いていた。当然、保護者も心配していた。

ある日、レクリエーションを行った。Cさん以外にも、クラス替えが理由で人間関係に戸惑っている子どもがいたからである。筆者はレクリエーションに多少の自信をもっていたし、これまでに何度も友達関係の改善を行ってきたという自負もあった。なかには、遊びがきっかけで友達関係に発展した子どももいた。しかし、Cさんだけはうまくいかなかった。

このような状況下でよく見かける教室の一場面と言えば、「友達と仲良くしよう」とか「いろんな人と交流しよう」といった理想論のサポートである。理論を話し、聞かせるだけでうまくいけば、こんな楽なことはない。要するに、理論重視の説法は意味をなさないということだ。それをふまえて、筆者は実態調査を行うことにした。

Cさんに尋ねると、「どうやって人と話していいか分からない」と言っていた。ここで冒頭のベストセラーを読ませても、うまくいかないことは火を見るよりも明らかだ。そこで、Cさんに「本の読み方」を教えることにした。読書好きだったCさんに、「会話文のところを意識して読んでみたら」と伝えてみた。

当たり前のことだが、小説や映画では会話が言語化されている。作家や脚本家たちは、洗練された会話文を書くために、日頃からかなりの勉強をしているとも聞く。そんな話とともに、「会話文の意識読み」をすすめてみたのだ。

興味のある本、または一度読んだことのある本でも、とにかく「会話文」を意識してもらった。すると、「あいさつからすればいいのか」と日記に書いてきた。同時に、「あいさつをしましょう」という教育的な活動が、「実は意味をもっていた」ということに気づいたようだ。

これは教育的価値として極めて大きな発見である。誰しも、「あいさつをしましょう」という言葉を聞いたことがあるだろう。しかし、「あいさつの大切さ」や「あいさつの必要性」を深く考えた人は少ないように思われる。情けないことに、筆者もその一人である。

しかし、Cさんは、九歳にして「あいさつは一日の最初に人とかかわるうえで大切な言葉掛け」であるとか、「あいさつをすることで、そのあとが話しやすくなる」と気づいたのだ。これだけでも大発見である。

しかし、ここで終わらず、さらにCさんは友達関係において変容を起こすことになった。

発見の時期が四月中旬であり、特定の人間関係がまだ成立していなかったという「早めの時期」であったことが功を奏したのだろう。新学期の教室内は「新鮮な環境」だったためか、人格を変革するためのハードルが低かったと思われる。

先の大発見後、Cさんは積極的にあいさつをするようになった。そして、徐々に気のあう友達が見つかり、その後は潤滑な会話へとつな

がっていった。Cさんが凄かったのは、「あいさつの次に何を話すか」を前夜に決めていたことである。「今日は給食の話をしよう」とか「あいさつのあとに天気の話をして、休み時間にはトランプ遊びに誘ってみよう」など、人間関係が潤うひと言や小噺（ネタ）を考えていたのだ。実は、このような会話術も児童書から学習していた。

　このように、読書（本の読み方）によってCさんを取り巻く環境は大きく変わった。だからといって、友達が一気に増えたわけではない。しかし、三年生までたった一人であった友達が二人になったのだ。クラスにたった一人でも話せる友達がいることは、「居場所」として重要な意味をもつ。「本の読み方」を工夫したことで二人も友達ができたCさんの表情は一変し、登校を楽しみにするようになった。

　友達関係で言えば、「数よりも大切なことがある」と筆者は考えている。それは汎用性である。九歳にして人間関係に悩み、自ら打開策をつかんだCさん、それ以後も、「あいさつ」や「あいさつ後のひと言」などで会話を潤わせて、人間関係をより良くする方法を経験していった。友達の数を増やすのではなく、友達とかかわるための術《すべ》を体感し、応用していったわけだが、この汎用性は今後の人生において「宝物」となるだろう。こうした状況、冒頭の実用書では習得が難しかったと思われる。

もちろん、Cさんの事例を一般化することは難しいだろう。汎用性の習得にも怪しい面がある。しかし、そもそも読書の習慣がなければ発見には至らなかったことだ。「発見したことを実行に移す」という勇気もいるだろう。さらに言えば、あいさつ後のひと言を受け入れる、寛容性のある友達との縁も必須となる。

とはいえ、「児童書の会話文を意識したことで人間関係が潤った」という事実は興味深いところである。実用書ではなく、児童書で人間関係の壁を打開したという事実、これは筆者にとっても読書のあり方を変えることになったし、その後の教育観にも多大な影響を及ぼすことになった。

『名探偵コナン』で数学が得意になった子ども

二〇〇〇年代初頭、「論理力」の必要性が叫ばれた。ロジックや論理的思考法など、「論理」の意味を謳ったタイトルの本がよく売れたとも聞く。

世の中は、主に「ロジカル（論理的）な文脈」でできている。経済も政治も、論理的な社会を指す場合が多い。当然、将来のためにも論理的な考え方は必須と言えるだろう。その結果、教育界でも論理を意識した学習が行われることがある。たとえば、数学である。過去に存在した天才たちが必死に考え抜いた論理の結晶が「公式」として存在している。

科学の世界でも論理は毅然としてある。アインシュタイン（原稿三五ページ参照）の「$E=mc^2$（質量とエネルギーの等価性）」は実にシンプルなものだが、そのなかにも天才の論理的な思考の結晶がぎっしりと詰まっている。

偉大な数学者や哲学者たちなど、一〇〇〇年単位の時空を超えた人たちも例外ではない。いずれも、その中核には論理が存在している。物事の順序を重要視した論理のおかげで、現代を生きる私たちも古今東西の思想を理解することができるわけだ。

では、論理の重要性を知ったことで、それを習得することができるのだろうか。実は、これがそう簡単ではない。文章にしても、数式にしても、語彙や数字の間には「論理的な文脈」が存在するからである。しかし、この論理的思考を、マンガを読んで鍛え、のちに文学の領域で修業を重ねたという教え子がいた。

中学三年次の教え子であったBさん、小学生時代から学習が苦手であった。とくに国語が苦手で、数学に至っては壊滅状態であった。何といっても、順序立てて考える力がなかった。文字を読むこと自体が苦手であり、長文になると頭の中で言語がカオス化していたようだ。こうした子どもには基礎から教えるしかないのだが、Bさんは基礎的な知識を地道に習得するという子どもではなかった。

野球部では四番打者であり、エースピッチャーのBさんは、完全な体育会系であった。幼少期から本を読んでおらず、一四歳にして九九《くく》も怪しい感じだった。国語の読解力もなく、春の時点で赤点（三〇点前後）を連発していた。

その一方で、マンガは大好きであった。マンガも物語的な文章（小説など）も、「本」という意味では同じである。もちろん、論理もある。そこで、学力をつけるために必須となる論理力を養成するため、試しにと思ってある本を渡した。それが『名探偵コナン』（青山剛昌、小学館）である。

ご存じのとおり、『名探偵コナン』は推理マンガである。「推理」、大まかに言えば順序立てて物事を考えることになる。まさに、論理に近いのだ。コナン・ドイル（Sir Arthur Ignatius Conan Doyle, 1859〜1930）の『シャーロック・ホームズの冒険』（延原謙訳、新潮文庫、一九五三年）やアガサ・クリスティー（Dame Agatha Mary Clarissa Christie, 1890〜1976）の小説を紹介したかったが、前述したとおり、Bさんは本を読むことが苦手だったので、最終手段としてマンガをすすめたわけである。

これがハマった！「類は友を呼ぶ」にふさわしく、Bさんの友達にはマンガ好きが多く、『名探偵コナン』を全巻持っている子どももいた。一巻から読み進め、わずか一週間で五〇冊ほどを読破したという。

「体育会系の子どもの特徴」として集中力が挙げられる。Bさんも例に漏れず、マンガにハマるだけの集中力をもっていた。それも、尋常ではない集中力をもっていた。

ある日、「先生、コナンを全部読みました。面白かった」と、嬉々として伝えに来た。面白さについて尋ねると、「分からなかったことがたくさんつながって、快感だった」と言う。大いに褒めたあと、「もっと面白い本があるぞ」と言って、小学生向きの「シャーロック・ホームズ」のシリーズをすすめた。すると、これにもハマった。「推理の頭」ができはじめていたためか、スイスイと読破していった。つまり、Bさんは推理小説によって論理的な思考力を鍛錬していたわけである。

本の魅力に包まれたBさんは次々と児童書を読破し、

推理小説を飛び越えて『坊ちゃん』(夏目漱石、一九〇六年発表、新潮文庫など)にたどり着いた。日本文学史上に残る金字塔に興味をもったわけである。

この名著を手に取ったのは夏休み前のことである。もちろん、そこでも大いに褒めたたえたうえで、国語の文章問題の解き方を教えた。ロジック(論理)を鍛える参考書を紹介し、目の前で解いてもらった。すると、論理的な思考ができていたおかげか、読解問題において六割ほど解いたのだ。

「おー、半分を超えた!」と喜ぶBさん。それからというもの、ロジックの面白さに目覚め、夏休みには、「塾に通いながら英語や数学にも力を入れはじめた」という話を保護者から聞いた。

そして、奇跡が起こった。夏休み明けのテスト(国語の現代文)で満点を取ったのだ。これには、Bさんの母親も驚いていた。本人はというと、驚きよりも「本への好奇心」と「上達の快感」に浸りきっていたように思えた。

その後、Bさんは大人になった今でも読書の習慣を継続しており、年賀状には「〇〇年で一番のオススメ本」を紹介するまでになっている。

「論理的な思考力」を難解な文章(問題集など)で身につけることは難しい。Bさんの事例からも分かるように、子どもが興味をもつ分野、とくに推理小説や探偵マンガはおすすめである。

異論を唱えて「幸運」を手にした友人の話

「ベストセラーは読まない」という人がいるらしい。ビジネス書を書いている著者のなかにも、「売れている本を読んでも他人と同じ考えになるから、その他大勢から抜け出せない」と主張する人がいる。それとは逆に、「トレンドに乗ることで時代に取り残されない」という意見を述べるコンサルタント出身の作家もいる。筆者はというと、「ベストセラー支持派」である。時代に沿う形で「空気感」が味わえるからだ。

二〇二〇年、新型コロナの拡大に伴って「古典」が売れるという現象があった。新型コロナのパンデミックに似た状況を描いた小説である『ペスト』（アルベール・カミュ／宮崎嶺雄訳、新潮文庫、一九六九年）が売れたようだ。

一九五〇年代、アルジェリアの港町を襲ったペストの大流行。本書を読むと、時代を超えて共感できる場面が多々あった。新型コロナが治まってから『ペスト』を読んでも「共感」のレベルに差が出るだろう。つまり、時代に沿った選書が存在すると言える。「古典」のよさは、いつでも選書できるというところにある。こうした現象は「マンガの世界」にもある。以下では、友人の幸運話を含めて紹介していきたい。

「お笑い第七世代」という言葉をご存じだろうか。「お笑い史」を世代別に分け、現在（二〇二〇年代）は七代目に当たるという意味である。

第七世代のある芸人が世代間ギャップを論じ、ネット上で話題になったことがあった。それは、「『あしたのジョー』でたとえられても、知らないから笑えない」という発言である。この発言に、第七世代に近い若者たちが共感した。

『あしたのジョー』（原作：高森朝雄、作画：ちばてつや、講談社）と言えば、ボクシングマンガの金字塔である。登場人物の力石徹が亡くなったときには、寺山修司（一九三五～一九八三）の呼びかけで、実際に「葬式」まで行われたほど、世間の注目を集めた（一九七〇年三月二四日）。

言ってみれば、『あしたのジョー』はボクシングマンガの「古典」でもある。

バスケットボールで言えば『スラムダンク』（原作：井上雄彦、集英社）、サッカーで言えば『キャプテン翼』（原作：高橋陽一、集英社）がもはや「古典」の領域と言えるだろう。

こうしたマンガをリアルタイムで読んでいないだけで、前出のような意見が出てくる。これは、誰が悪いという議論ではない。「知っているか、否か」という問題だ。

第七世代の若者でも、『あしたのジョー』を読んでいればベテラン芸人の笑いには共感できたはずだ。読んでいない側に立つのではなく、「それだったら読んでみよう」という積極的な立場になれば読書の幅が広がると思う。というのも、筆者にも似たような経験があるからだ。

二〇二〇年の秋、「キメハラ」に遭遇したことがある。「キメハラ」とは、マンガ『鬼滅の刃』（原作：吾峠呼世晴、集英社）を知っているという前提で話すような状態を指すらしい。

当時、映画『鬼滅の刃』（二〇二〇年）が日本の映画史上最大のヒットを記録した。映画の時期にあわせて、キャラクターの関連グッズが売れに売れ、単行本は書店から消えたという。このブームをマスメディアが放っておくはずがない。『鬼滅の刃』の知識ありきで報道がされはじめた。そして、「キメハラ」の火の粉が一般社会にも降りかかってきた。「えっ、知らないの？」と恥をかかせる状況（キメハラ）が全国各地の職場や学校といったコミュニティーで起こったのだ。『鬼滅の刃』は、ジャンルでいうと「ホラー」に近い。筆者自身、ホラー系を苦手にしていたが、「キメハラ」のストレスから逃れるためにある行動へ出た。単行本を読んだり、ネットで知識を仕入れたあとに映画を観たのだ。

正直、クライマックスの「過剰な演出」（筆者の独断）に感動はしなかった。しかし、以後「キメハラ」へのストレスが消滅している。今、振り返ると、「そういえば、コロナ禍にもかかわらず家族で映画を観に行ったな」と、いい思い出となっている。

話を本に戻そう。ベストセラーは時代を映すことがある。読むか否かは「個」に委ねられるわけだが、読んだからといって得るものがないかもしれない。時間と労力、またはお金の無駄を感じるかもしれないが、生涯にわたって触れることがないジャンルに出合えるという機会であることはまちがいない。もしかすると、予期せぬ邂逅《かいこう》があるかもしれない。「食わず嫌い」ではなく一応は触れておく、そんな読み方もある。

前述の若手芸人（第七世代）に異論のあった友人は、父親の本棚で見かけた『あしたのジョー』の一巻を読んで感動し、全巻を読破したあとにマンガの舞台となった山谷《さんや》（現在は台東区清川という地名になっている）に繰り出している。その後もスポーツマンガにハマり、趣味の幅が広がったという事例があったことを追記しておく。

暴力行為を改善した驚異の絵本

「読み聞かせ」だけで暴力的な子どもが一新した、という奇跡の出来事があった。小学校一年の担任をしていたときのことである。登場人物はDさんである。

『あしたのジョー』の舞台となった泪橋の交差点

Ｄさんは幼稚園のころから落ち着きがなく、保育士が「読み聞かせ」をしているときには、教室内だけではなく園庭にまで出て走り回ることもあった、と「引き継ぎ」の際に聞いていた。「引き継ぎ」とは、事務連絡として園から書類が届いたあとに行う、「子どもの実態を把握するための話し合い」と理解していただきたい。小学校によっては、学区内の保育園や幼稚園の担任と会って「引き継ぎ」をするところもある。

入学直後の四月上旬、Ｄさんは椅子に座ることもままならず、授業中に寝転ぶこともあった。まさに「引き継ぎ」のとおりだった。もちろん、そのまま放っておくことは、ほかの子どもたちの学習権を考えるとできない。そこで、浅薄な特別支援の知識をもって、何とか授業を聞かせるための構えをつくらせようと試行錯誤することになった。

「聞くだけ」という受け身の講義調ではなく、Ｄさんを巻きこむような積極的な構えの授業を意識した学習方法を取り入れた。また、笑いを誘うなどして飽きさせないようにもした。しかし、こうした取り組みは刹那《せつな》で終わることが多かった。

Ｄさんに変化があったのは五月の連休後である。「ある本」との出合いがＤさんの運命を変えたと言える。「ある本」といっても一冊ではない。一〇〇冊以上の本がＤさんに変容をもたらしたのだ。

当時、国語の時間に「読み聞かせ」を行っていた。授業時間が残り五分前後になったところで本を読んでいたのだ。「選書」するのは子どもたちであった。

連休後のある日、Dさんが選んだ本を読んだ。すると、「自分が選んだ」という想いからだろう、これまでとはまったく違って熱心に聞いていた。このとき、「一定時間、Dさんは座ることができる」と判断した。

その後、休み時間にDさんと図書室に出向き、本を選んでもらった。ここでも、「選書したのは自分」という想いからだろう、じっと座って、聞き続けていた。すると、授業中に「座る」ということだけでなく、「聞く」という習慣までが徐々に身についたのである。

それ以降、五か月ほど「休み時間の読み聞かせ」を継続した。不思議なことに、この経験数に比例してDさんの離席が減っていった。そして、気づくと、Dさんに読んだ絵本は一二〇冊を超えていた。

「読み聞かせ」とは、その名のとおり本を読んで聞かせることである。学校では、教師が本を読んで子どもたちが聞くというスタイルとなっている。家庭では、寝る前に保護者が子どもに絵本を読んで聞かせるといったイメージであろう。

本を読んでいる間、子どもは「聞く」という状態とともに「座る」という姿勢をとることになる。この「座って聞く」という状態が、授業でも成立していることに気づいた。授業では、良し悪しはともかく、教師の言葉を聞くという時間がある。「言葉を聞く」という意味では、授業も読み聞かせも同じである。ただ、話の内容が面白いかどうかという問題は残るが……。

それはともかく、Dさんは読み聞かせによって「座って聞く」という習慣を身につけることができた。さらに、暴力的な言動が激減したのだ。

本には、作者の主張があるほか、テーマもある。もちろん、作者と読み手の価値観がずれることもあるだろう。しかし、「聞く」という状態は、その価値観をある程度受容することになる。

Dさんが選んだ本のなかには、登場人物が暴れたり、イジメを繰り返したりする内容のものもあった。こうした事態を本で知り、「これって俺のことか?」とDさんが考えたのかどうかは不明であるが、読み聞かせたあと、明らかにDさんは落ち着いていった。そして、一〇月には暴力行為が皆無となり、さらに自ら選んだ本を借りて帰り、自宅でも読むようになった。

入学当初、学力面でも難のあったDさんだが、読書に目覚めたことで読解力に一定の向上が見られた。一年生最後の国語のテストでは、何と満点をとっている。

テストを返した直後、Dさんに喜ぶ姿は見られなかった。しかし、そのテストを折りたたみ、音楽の時間に左手でこっそりと持ちながら、陽気に歌っていたDさんの姿を忘れることができない。こうした体験からも、読み聞かせや読書という経験は偉大であると実感している。

頭脳を研ぐ時間——精読の力

本をじっくり読む、これは「読解力につながる」と考えられる。文脈をつかみながら文章を理解していくという精読。稀代の読書家であった谷沢永一氏（一九二九～二〇一一）は、鉛筆で印をつけながら本を読んだという。手を動かしながらじっくりと本を読む、まさに精読と言える。

受験の世界では、印をつけながら読み進めることが一般的となっている。接続詞に意識を向けた場合、逆説（「しかし」、「だが」など）のあとには重要な文が来る場合が多いというテクニックである。ここでいう「重要な文」とは、作者の主張と捉えていただきたい。つまり、逆接のあとには「問い」に対する「答え」が書いている場合が多いという読解テクニックである。

また、「たとえば」のあとには必ず具体例が書かれているため、主張への理解を補助してくれる場合がある。重要な文、つまり「主張」を理解するための補助的な役割を具体例が教えてくれるということだ。こうした言葉に意識を向け、印を付けることで答えを導き、成果を出せるといったことが多い。それゆえ、精読は必須となる。

受験にかぎらず、本を読むときに印をつけて読む人は多い。もちろん、図書館の本に印をつけるというのはマナー違反である。となると、深く理解することを目的として印をつけるためには、「本を買う」という投資をする必要がある。

教育の世界では、給料の一〇パーセントを本代に当てるべきであるといった思想があった。現在も、一部の教育団体では読書クラブや読書会といった活動において、お互いに本を紹介しあっている。そこで、投資額の話が出ることもある。

ユダヤ人は、「頭に入った知識や教養は奪われない。だから、知性に投資することにためらいがない」と言われている。たしかに、脳内に収まった知識は取られることがない。だからこそ、教養のコンテンツ（主に本）に投資するという思想は十分理解できる。ましてや、教師は学問の伝導者であるわけだから、知識や教養をもって仕事をするというのは義務であろう。それだけに、「知性に自費を当てる」という主張は説得力をもつ。

しかし、現代の教師は時間に追われている。教師にかぎらず、忙しい大人は多い。その一方で、「本を読まないから忙しくなる」といった思想もある。「斧を磨く時間をもたなければ、いい仕事はできない」という寓話からの引用であろう。

ビジネスマンにとっての読書は「斧を研ぐ時間」にたとえられる。よって、読書または精読による「研ぐ時間」は必須となる。

そんなに難しいことではない。習慣化すれば本を読むことは誰にでもできる。トイレに置く、電車に乗ったら文庫本を開くなど、ある行動に本を結びつけるのだ。すると、途端に読書という習慣づくりは可能となる。そう、電車に乗ったらスマホを見るという行為が習慣となっているように。

ここで重要となるのは選書、どのような本を選んで読むか、である。時間に追われていると感じる人は時間術や手帳術の本を選ぶだろうし、健康状態が気になっている人は運動や食事に関する本を選ぶだろう。いずれにせよ、共感できるようなテーマについて書かれているものを選書することが重要となる。

参考までに、飽きない読書術を紹介しておこう。

多くの人は、本から何かを学ぼうと思って本を読んでいる。もちろん、その読み方を否定するつもりはないが、本だからといってすべてが正しいわけではない。先にも述べたように、作者の主観に基づいて書かれているからだ。それを踏まえて、あえて「ケチを付けながら読む」という方法をすすめたい。それに、「ケチを付ける」ためには、書かれている内容に関してある程度の教養を必要とするので、二重に学べるという意味においても「お得感」満載である。

さて、小学六年次に担任をしていたときの教え子、Eさんの例を挙げよう。

中学受験に向けて三年生から学習塾に通っていたEさんだが、六年生の夏休み前には成績が停滞していた。第一志望に合格するためのネックとなっていたのは国語。読解問題で安定した成績がとれなくなっていたのだ。

ある日、給食の時間に雑談をしていたとき、Eさんが軽い雰囲気のなかで、「先生、読解問題ってウザいよね」と笑いながら言ってきた。普段は強気で、自信に満ちあふれていたEさんが弱音を吐いたのだ。

極めて珍しい言動であったため、給食を食べ終わってから何気なく話すことにした。すると翌日、全国規模の模擬試験の結果（以下、成績表）を持参し、国語で伸び悩んでいることを打ち明けてくれた。

子どもの成績を伸ばす方法はそれぞれ違う。しかし、汎用性のある技術が存在することもまた事実である。成績表を見たあと、学習塾で受けたテストを持ってきてもらった。そのテストを見ると、問題文にたくさんの印があった。逆説や順接などに印をつけ、問いに正対する答えを導くための「努力の跡」が見られたのである。ここで疑問に思ったのは、成績の不安定さであった。

そこで八回分の問題を借り、自宅で分析してみた。なぜ、Eさんは答えを導くことができなかったのか、また、なぜ成績が安定しないのかについて分析したわけだ。

しばらくして、Eさんの不正解にはある傾向が存在していることが分かった。それは、試験の時間に追われたことで速読を重視し、機械的に印をつけていたことである。問題文に出てくる接続詞すべてに印をつけていた。これでは、「どこが重要な箇所なのか」、「作者の主張がどこに書かれているのか」と迷ってしまう。

そこで、Eさんに「問い」から読んでもらうことにした。難易度の高い学校の場合、難解な設問が多いだけではなく、分量も桁外れに多いため、こうしたテクニックが必須となる。要するに、「問いから読んで作者の主張を予測して読む」という読解方法を教えたわけだが、なんとEさんはこういった「受験界の定石」をほとんど知らなかった。とくに算数に力を入れており、「国語は感覚で解ける」と高をくくっていたのである。

では、一つの方法を知ったことでEさんの成績は一気に上がったのかというと、その後も伸び悩んだ。「技術」は、練習を重ねてこそ使いこなす領域となる「技能」に達するものだ。

幸い、根気強いEさんは練習を重ね、停滞していた成績の打破を果たしている。時間に追われて焦り、速読に走るのではなく、じっくりと設問を読み、答えに目星をつけた読み方を身につけたこと、これが時間的なゆとりを生み、勝因につながったとEさんは振り返っていた。じっくり読む、つまり精読の重要性である。

速読は、情報を探す意味では一定の効果があるだろう。筆者自身も、資料を探すときや目的に沿った読書のときには速く読む場合がある。しかし、速読だけでは身につかないことが多い。たとえば、理解することが求められる場合だ。さらに言えば、理解したことを実践して、それを繰り返すことで技能化が求められる場合となると、なおさらである。

このような事実は筆者自身も経験している。時間に追われて緊迫していた時期に「時間術」に関する本を読んで、「タスクを六個書き出し、優先順位を決めて実行する」という方法を知り、それを実践したことで緊迫状況から脱している。つまり、本で知った技術を現場で活かし、技能化したことで「ゆとり」が生まれたということである。

「本を読むことで時間が増える」という事実、筆者の実体験からもまちがいない。

「最強の読書」は隙間時間なのか

一〇〇〇万円以上を「英語教材」だけに投資したという教育者がいる。予備校講師の関正生氏（東進ハイスクール）がその人である。

関氏は、大学時代から英語講師として指導にあたる傍ら、自費で英語の研究を続けたという経歴をもっている。そして、「独自の理論」で教え子たちの学力を高めた稀有な講師であり、『改訂第二版 大学入試 世界一わかりやすい英語の勉強法』（KADOKAWA、二〇二一年）をはじめとしてたくさんの本を著しており、合計販売数は二〇〇万部を超えるという実力者である。

そんな関氏が英語をマスターした方法は独特だ。たとえば、英語の基本である英単語、その習得方法は「隙間時間に覚えた」という。テレビを見ているとき、そのCM中に一〇個ほど覚える。トイレでも覚える。とにかく、日常にあふれている「隙間時間」に英単語を覚えるという実践を続けたそうだ。そして、それを受験生に推奨している。

関氏は、読書でも隙間時間を推していた。なかでも関氏がすすめている読書は、「信号待ち」である。わずかな時間に本を読むという積極的な姿勢をもっている関氏、たった三〇秒程度でも文庫本を開くという。こうした勉強法は一般読者の共感も呼ぶことになった。大学受験の世界だけでなく、一般の学習者まで巻きこむほどの存在となり、前述したような実績をもつまでになっている。

関氏の例を挙げるまでもなく、読書はいつでも、どこでもできる。本という世界は、場所、時間、空間を選ばない。

元和田中学校（東京都杉並区）の校長だった藤原和博氏は、「本を読む人は、一〇人に一人の存在になれる」という仮説を立てている。それほど本を読む人は貴重であり、尊い存在であるというのが藤原氏の持論である。

たしかに現在は、隙間時間にスマホを操作する人がほとんどだ。スマホも隙間時間には最適である。スマホで他者と交流する人、ゲームを楽しむ人など、その利用範囲はかなり広い。隙間時間にスマホか本か、「ここで差が出る」と藤原氏は断言している（『本を読む人だけが手にするもの』日本実業出版社、二〇一五年を参照）。

隙間時間の使い方となると、それぞれの「癖」が出るだろう。癖という「習慣化した行動」を変えることは難しいが、一度でも改革すれば習慣の変更は可能となる。もちろん、筆者がすすめるのは「スマホから読書への変革」だ。

スマホの利用は、主に「受け身」となる情報の入手となる。そのため、興味のない情報まで流れこんでしまう場合が多い。これでは、情報過多や飽和状態となるだろう。一方、本はテーマに沿っているため、情報というよりは教養（知性）につながる場合が多い。本というコンテンツは、知識や教養を受け取る際に「積極的な構え」を形成することになるからだ。

こうした知識は「点」となって集結し、のちに「面」として編集されていき、教養の領域に達することもあるだろう。わずかな時間とはいえ、スマホと本とでは格段に差がつくということだ。

藤原氏の主張はここに起因しているように思える。

こうした状況、通勤などで電車を利用される人であれば共感していただけるであろう。筆者も電車に乗ったときに実感している。乗客のほとんどがスマホをのぞいているからだ。前述したとおり、本を読むだけで「一〇人に一人の存在」になれそうだ。

本について言えば、「読む人」と「読まない人」にキッパリと分かれる。この主張は、先に紹介した出口汪《ひろし》氏（三〇ページ参照）が著書において何度も書いている。「読書に中間層はいない」と断言しているほどだ。それほど、読書は「習慣の世界」だと言える。

関氏の話をしたあとに、それを実践した教え子、Fさんがいた。

Fさんは習い事が多く、送り迎えの連絡のためにスマホを持っていた。小学三年次に担任したとき、すでにFさんはスマホ中毒となっており、個人面談でも保護者から相談を受けていた。何と、Ｆさんは就寝時間にもかかわらず、布団に隠れ、暗闇のなかでもスマホを操作していたそうだ。隙間時間どころではなく、睡眠時間を削ってまで文明の利器と対峙していたのだ。

ここで、「スマホより本がいい」といった説法を述べても、子どもの心を揺らすことはできない。そこで、危機感と代替案を同時に提示してみた。

まず、危機感をあおることにした。イジメに関する指導でも、「友だちをいじめてはいけません」という説教に似た話が効果をもたないことに関しては共感いただけるであろう。イジメにかぎらず、より良くしたい状況で効果を発揮するためには「危機感をあおる」、これしかない。

スマホの場合、『スマホ脳』（原稿二九ページ前掲）を引用しながら話した。いかにスマホが脳内を汚染しているか、という話である。

この話によって、一時的にはスマホを手放すことはある。しかし、代わりになる存在が重要となる。そこで、冒頭で紹介した関

氏の話をし、畳みかけるようにしてFさんに合いそうな本を紹介していった。まず、変わったのは就寝前の「隠れスマホ」である。「メガネをかけたくない」という恐怖心から、目に悪い行為をやめた。

さらに、スマホの機能について話をした。スマホには「操作時間」が出る。週末のある日のFさんの操作時間は、何と一三時間を超えていた。

「えっ、そんなに⁉」と戸惑うFさん。数値化された事実は説得力をもっていたようだ。急に焦り出した。そこで、「時間ができたら、この本を読むといいよ」と、国語で興味をもっていた童話を紹介した。すると、スマホに使っていた時間を「読書」にあてるようになり、それが習慣化した。

残念ながら、急激な成績の向上までには至らなかったが、生活面での改善は見られた。週末、習い事のない日には本を読む時間が増えたのである。もち前の集中力を発揮したと言える変貌であった。

隙間時間を利用して本を読む人に「まとまった時間」が提供されると、より深い知性を集中的に獲得するようになる。なぜなら、「隙間時間に読む」という状況であれば集中力を高める読書ができるからだ。実際、隙間時間にスマホを使用している人がその時間に本を読めば実感できるだろう。電車の中のように、公の場で本を開くと驚くほど集中できるというのは、それを実践している人からよく聞く話である。どうやら、隙間時間には「締め切り」があるためか、ほどよい緊張感が集中力を高めてくれるようだ。

時間と空間を味方にした隙間時間の読書には書籍代しかかからない。関氏のように一〇〇〇万円も投資する必要はなく、一〇〇〇円前後で至福の時間を過ごせるうえに、「一〇人に一人の存在」になれるかもしれない。そんな可能性を読書はもっている。

立ち読みで「稀代の読書家」に迫るしたたかな方法

本に「正しい読み方」というものはあるのだろうか。たとえば、「多読や速読などのような読み方は正しいのか」といった問いである。読み方は目的や状況で変わるため、このような問いに対して、「答えはない」と言えるだろう。

読み方にかぎらず、「本の買い方」も人それぞれである。筆者は、「立ち読み」をしてから購入という方法を重視している。学生時代は、平気で五時間前後も立ち読みをしていた。もちろん、状況を見ながら場所を変えていたが、店員からすると迷惑な客であっただろう。

さて、立ち読みから購読までの流れである。

『ひょっこりひょうたん島』などの作者として知られる井上ひさし（一九三四〜二〇一〇）は、「目についた本は買う」という大胆なお客であり、読書家でもあった。蔵書はおよそ一四万冊。当然、書庫をもっていた。同じく著名な読書家であった渡部昇一（一九三〇〜二〇一七、元上智大学名誉教授）は一か月の書籍代が数千万円のこともあったという。量ではなく、一冊で「数百万円単位」の古書を買いあさっていたため、このような金額になったようだ。

言うまでもなく、こうした稀代の読書家たちの真似をすることは難しい。しかし、購読の仕方に「工夫」を加えることはできる。たとえば、筆者の得意な立ち読みについて述べよう。

筆者は、タイトルと目次で内容を想像し、ザッと乱読してから購読するかどうかを判断している。前述した読書家から、「本の特徴」として「最初の数ページに力を入れる」という傾向があることを知った。事実、熱心な読書家は、最初の数ページを読んでから買うかどうかを判断しているという。

この考えは納得できる。太宰治（一九〇九〜一九四八）に至っては「最初の一文に力を込めよ」と主張しているほどであり、本の序盤は勝負（売れるか否か）のポイントとなるようだ。序盤がつまらなければ、立ち読みのあと、その本は虚しく書棚に戻されることだろう。

いずれにせよ、稀代の読書家にはなれなくても、自らの実態に沿った本の読み方があるということだ。そう考えると、本との付き合い方は実に面白い。

以前から国語科では、「図書の時間」というものがある。この時間に、「選書の仕方」について話をしたことがある。「最初に面白いかどうかを判断する」という、たった一つの視点は大きかった。本を手当たり次第に取る子どもが続出したのだ。

「この本は目次が面白い。だから借りよう」と言って借りていく子ども。逆に、「まえがきがつまらない。だから、本文はもっとつまらないだろう」と言って、手に取った本と決別する子どももいた。

もちろん、図鑑のように「情報」が多くを占めている本もあるため、このような選書の仕方が万全とは言えない。しかし、大量の本をパラパラとめくり、これまで触れなかった本と対峙するといった経験の意味は大きかったようだ。

「数打ちゃ当たる」ではないが、何となく手に取

る本の「量」が実質的に増えたことで、「当たり」の本を借りる子どもたちが一気に増えた。また、本を選別するという視点をもったことで、調べ物学習の際、「情報をキャッチする感覚」を身につけた子どもが増えたような気がする。さらに、「総合的な学習の時間」で図書室に出向いた際、これまでは本を大量に借りていた子どもが、「選書する」といった視点をもったことで数冊に絞っていた。

教育界の上のほうから下りてくる「課題図書」と呼ばれるものを子どもたちに提供するだけでなく、また「面白い」と思われる本を紹介するだけでもなく、こうした「選書の仕方」を教えることが極めて重要であると実感してしまった。

何となく思うのだが、選書の仕方を知らないために本から距離を置いている人が多いのではないだろうか。その結果、前述したように、すべてをスマホに頼っているように思えてならない。

第3章

読書への投資

「人生」という旅の歩き方

未来を規定する幼児期の教育投資

「子どもの貧困」が問題視されている。先日、あるテレビ番組を見ていて驚いたことがあった。それは、休日や夏休みなどに「習い事をしていない」、「旅行の経験がない」と言った子どもが三人に一人の割合でいたのだ。これは発展途上国の話ではない。日本の子どもたちの現状（二〇一二年）である。

家庭によって貧富の差があることは分かるが、ここまで差があるとは思わなかった。実際、学習塾や習い事には経済的な負担がかかる。家庭環境によって、「学力に差が出る」というのは自然の摂理であろう。いわゆる「学力格差」であるが、低所得の家庭にとっては、子どもの学力にかける割合が下がることは容易に想像がつく。また、幼児期に教育関連へ投資することの困難さが現実としてある。

教育への投資と言えば興味深い研究がある。「ペリー幼稚園プログラム（Perry Preschool Study）」というアメリカの研究である。二〇〇〇年にノーベル経済学賞を受賞したシカゴ大学のヘックマン教授（James Joseph Heckman）が中心になって実施した研究であり、世界的にも大いなる注目を集めた。

　この研究を大雑把に説明すると、「いつごろ子どもに投資をすればいいのか」というものになる。研究の対象者として選ばれたのはアフリカ系の低所得者（アメリカ人）であり、年齢は三〜四歳の幼児であった。

　この研究は五〇年ほど継続されており、その結果は、子どもの学力だけではなく、成人後の所得や犯罪率までが顕著となり、注目されることになったわけである。

　では、それほど効果の見られた「ペリー幼稚園プログラム」とはどのような研究であったのだろうか。研究内容を箇条書きにすると以下のようになる。

・幼稚園の先生は心理学などの専門家（修士学以上）
・少人数（教師一人につき子どもは六人）
・読み書きや歌のレッスンを週に五日（二年間継続）
・家庭訪問（九〇分を週に一回）

このように、「ペリー幼稚園プログラム」では手厚い「就学前教育」を実施していた。このプログラムの特徴は、貧困家庭が直面する「家庭教育の不足」を補うために、子どもだけではなく保護者にまで積極的に介入している点である。

先に挙げたとおり、週に一回の家庭訪問を行い、親に学びの機会を与えている。この介入によって、家庭教育への意識が高まったことはまちがいない。その結果、学力だけではなく将来の犯罪率までが低くなっている。少し詳しく紹介すると以下のようになる。

・六歳時点でのＩＱ　↓高い
・一九歳時点での高卒率　↓高い
・二七歳時点での持ち家率　↓高い
・四〇歳時点での所得　↓高い
・四〇歳時点での犯罪率　↓低い

ご覧になったとおり、「就学前の投資」は雇用や犯罪率などに多大な影響を及ぼしており、「個」だけではなく「全体」にとってもよい影響があったということだ。つまり、幼児教育の財政支出が、社会全体にとって「割のよい投資になった」ということである。

ただし、課題もある。まず、「ペリー幼稚園プログラム」の期間が幼児期にかぎられているということだ。また、実験や研究のためのプログラムであるため「縁」や「運」が大きく関与している。さらに言えば、ヘックマン教授の理論が完全に正しいとは言えない。また、「ペリー幼稚園プログラム」は半世紀以上前（一九六二年～一九六七年）の研究結果のため、再検証している学者も多い。その集大成が『幼児教育の経済学』（古草秀子訳、東洋経済新報社、二〇一五年）であり、この本ではアメリカの著名な有識者たちが「ペリー幼稚園プログラム」をさまざまな視点から批評を行っている。

たとえば、プログラムに参加した子どものデータが少ない（五八人）という意見や、費用がかかる（一人平均およそ一二五〇〇ドル）といった異論がある（前掲書を参照）。また、ヘックマン教授が推奨している「幼児期における非認知能力の育成」、この絶対視への疑問から研究した成果が論文として紹介されており、筆者も納得した。と同時に、現代の研究を改めて知ることで、ヘックマンが研修した成果や目新しい視点などを再認識することができた。さらに言えば、幼児教育の研究成果を実行することの難しさも知った。成果が出たからといって、誰でも（とくに保育園や幼稚園という組織でも）容易に実践することができないからだ。

しかし、ある一定のプログラムに沿うことで、「教育的な価値」が生まれる場合もあるのではないだろうか。とりわけ、本がもつ価値は大きいと筆者は考えている。何より、「読書指導」は実践しやすい。さらに、本にかける投資の効果は侮れない。本を読むことで偏った価値観を払拭したり、イジメに遭遇した際に救ってくれたりと、本への投資が命綱になるという事例を筆者は実際に見聞きしてきたし、それについて本書でも述べてきた。

本章では、教育にかけるお金、とくに「本への投資」がどれほどの価値を生み出すのかについて論じていきたい。

幼児期における「最強の耳学問」とは⁉

前述した「ペリー幼稚園プログラム」は、家庭教育において実践できるのだろうか。現実的には厳しいだろう。しかし、一部のプログラムを真似すれば一定の成果は上げられそうだ。その一つが「耳学問」である。

二五〇万部を超えるベストセラーになった『思考の整理術』(筑摩書房、一九八六年)の著者である外山滋比古(一九二三〜二〇二〇)が、「耳学問」の重要性を説いている。以下で、その詳細を外山の仮説をふまえて論じていきたい。

まず、人間以外の動物を例に挙げる。鳥などは、生まれたばかりのときの早期教育として「刷りこみ」がよく知られている。一方、人間には、このような刷りこみが行われることはない。理由の一つに発達の違いがある。人間の子どもは、ほかの動物と比べて未熟な状態で生まれてくるからだ。

新生児の目はよく見えず、手足を動かすこともままならない。ましてや、歩くことはまったくできない。こうした状態が「生後の保育」を必要としている。それらのなかで、ただ一つ例外がある。新生児は五体が未熟であるにもかかわらず、耳だけは成熟した状態で生まれてくるのだ。外山によれば、「聴覚」はもっとも早く発達するという（『日本語の絶対語感』だいわ文庫、二〇一五年を参照）。

ということは、新生児の発達の遅さは「耳」でカバーできるという仮説が立てられる。

では、新生児に「読み聞かせ」は有効となるのだろうか。お察しのとおり、まだ早い。幼児期の前段階である新生児にとっては、「語りかけること」が重要となる。周りの言葉かけが「耳学問」となり、ほとんどすべての子どもが数十か月のうちに言葉を身につけていく。外山は、この状態を「絶対語感」と呼んでいる（前掲書を参照）。

考えてみれば、ゼロから言葉を覚えようとする子どもの

力は驚異的ではないだろうか。子どもは聞こえてくる言葉を一つ一つ拾い、バラバラで脈絡もないなかで組織化する能力をもっているのだ。この過程で発達したものこそ「絶対語感」である。絶対語感は教えられるものではなく、それぞれの子どもが自らの力で結晶させたものである。前述した「刷りこみ」に近いと言える。つまり、「人は絶対語感によって人らしくなっていく」というのが外山の主張である。

新生児にとって、周りが話しかけることは極めて重要になる。そして、この時期に養われた精神は絶対で、「いつまでもなくならない」とも外山は主張している。まさに「三つ子の魂百まで」のとおりである。

「耳学問」は、幼児期どころか新生児からはじめることができるのだ。ということは、この時期に養われた「耳」で幼児期に「読み聞かせ」を行えば、極めて有効な「投資」になる、と筆者は考える。

ルポ「本を読まない人間」が陥った恐怖の末路

学生時代、潜在下に心の傷（トラウマ）を抱えた知り合い（Dさん）がいた。知り合いといっても、プライベートでかかわることはなく、同じゼミというだけである。こんなDさんとゼミで話す機会が何度かあったが、印象としては「普通の学生」であった。

では、どうしてＤさんがトラウマを抱えていることを知ったのか。きっかけは、隔週で行われていた「英語の講義」であった。この講義でＤさんは、「ある言葉」を偏った日本語に翻訳していた。

たとえば「blood」。主に「血液」や「血」と訳すことが多いだろう。しかし、Ｄさんは「恐怖」とか「残酷」といった重い印象のものとして解釈していた。もちろん、「血」に生命を感じ、感傷的なイメージをもつこともある。しかし、Ｄさんは短絡的に訳すことが多かった。それも、偏った意味に解釈し、それを絶対視していたのである。

ある日、何気なくＤさんに翻訳の話題に触れると、「血は怖いもの」と、予想どおりの返答があった。子どものときに大怪我をした際、右腕から大量の出血をしたそうだ。以来、血を見ると恐怖の感情を抱くようになったという。Ｄさんは、学問という領域ではなく、無意識に主観的な翻訳をしていたようだ。

また、Ｄさんの友人に聞くと、「部屋にホラー系のＤＶＤが大量にあった」という身の毛もよだつ情報のほか、講義で使用する教科書以外の本はなかった、とも聞いた。

この話を聞き、Ｄさんには申し訳ないと思いつつ、興味本位で「子どものころの話」を突っこんで聞いたことがある。このとき、ある恐ろしい情報を得た。以下、恐怖の実話である。

Dさんは、小学校の低学年ごろから父親とホラー系の映画を一緒に鑑賞し、一人のときにはサスペンス系のドラマなどを頻繁に見ていたという。映画やドラマを視聴することは悪いことではない。しかし、ジャンルが偏ると、それに比例して思考回路も一定の領域に流されることになるだろう。主観的な感想になるが、Dさんはトラウマを抱えたうえで、自ら「負の感情」を強化していたように思われる。

ゼミの休憩中、Dさんと読書の話題になった際に「どんな本を読むのか」と聞いたところ、「本？ テスト前にテキストを読むだけ」と即答された。残念ながら、Dさんには読書という習慣がなかった。

こうした例は、学校教育が元凶になっているような気がする。たとえば、国語の授業で常識的な価値観だけの指導を受け続けてしまうと、どうしても思考回路は狭くなってしまう。また、善悪だけの価値観や非人間的な思考を排除するような指導も偏った思考を形成することになる。

言葉を一義的にしか捉えられない人の世界は狭く、単調で味気ないものになる可能性が高い。Dさんは、まさにその典型であった。

言葉を「語義どおりに使うこと」は、言語を扱う人類のルールであり、マナーでもある。たとえば、ギターを弾くときには最初にチューニング（「音合わせ」や「調整」など）を行う。音程が狂っていると、音楽自体が成立しないからだ。これは音楽のルールであり、マナーでもある。

言うまでもなく、「言葉の定義」でも同じである。明らかに言葉の意味が歪められていたら、正しくチューニングする必要がある。そのためには、正しいチューニングの配列を知ることも必要になってくる。言葉を定義どおりに理解するためには客観性が必要であり、その客観性を鍛錬するためとして、読書が重要な位置を占めている。

人間社会は多様である。そして、多様な価値観は読書によって多くの領域が培われると筆者は考えている。子どものころから、「真っ当な本」（一流と称される偉人が認めた古典や児童書など）を読み、多岐にわたる登場人物の喜怒哀楽を知れば想像力や解釈力がつくものだ。また、言葉を通して理不尽な世界を知り、多様な世界観を味わうことも可能である（「真っ当な本」の定義は三八ページで紹介した『遅読術』を参照）。

Dさんは勉強家ではあったが、読書家ではなかった。言語を操作する力や想像力などが欠けていたと考えられる。

読書をし、大量の言葉と触れあうことで、頭の中に網目のようなものができていくのではないだろうか。本には、先人の思考の結晶がぎっしりと集結しているからだ（とくに「古典」と呼ばれる本）。また、本を読めば観察力や洞察力が鍛えられる、と筆者は考えている。

本を読み、網目を張り巡らすことは、ある種の「命綱」であるとも言える。仮に、人間関係や勉強でつまずくことがあっても、読書で培った網目が応急装置の役目を担うこともある。それだけでなく、読書で多様な言葉や思想を知って蓄積された要素は、進化や成熟を促すことも期待できる。一方、読書という習慣がないとこの網目が形成されないため、生きていくうえにおいて必要とされるさまざまな情報や知恵がすり抜けていくことになるだろう。

Dさんの例を間近で見たことで、読書の肝要性を再確認することができた。繰り返すが、読書は積極的な構えで言葉と向き合うため、生きていくうえで必須とされる柔軟性や知性などを養い、脳内に網目が形成されると筆者は考えている。その一方で、「映像」という受け身の構えだけでは、考え方が偏るという「怖さ」を知ることもできた。

一 三歳の「死」を無駄にしない——衝撃的な教材との対峙

イジメはなくならない。教育界に二〇年ほど居座っていても拭えない、毅然とした事実がそこにはある。繰り返す。イジメをなくすことはできない。「世界一の教師」であっても、イジメを完全に消すことはできないと断言できる。

「教師の立場で、その結論は暴論だ」と思われる読者もいるだろう。しかし、弱肉強食の世界においては、古今東西「必然」となる。とはいえ、イジメの事実や構造を提示すれば、ある程度は「予防できる」と筆者は考えている。完全に予防することはできないが、最小限に抑制できるというのが筆者の信念である。ここでは、「ある本」を通してイジメの発生にバリアを張った「読書指導」の事例を紹介したい。

世の中には、イジメに関する本が多数出版されている。教育界に絞ると、「イジメが起きたときの対策」や「保護者との連携」などといったマニュアル的な本が多い。そんななか、一般向けの、衝撃的な本に出合った。それが『「葬式ごっこ」八年目の証言』（豊田充、風雅書房、一九九四年）、イジメに関する毅然とした事実に基づいた本である。

時は一九八六年、東京都中野区で実際に起きてしまった、当時中学二年の鹿川裕史さんが自殺に追いこまれたイジメ事件のルポである。

このイジメ事件、これまでとは大きく異なっていた点が二つある。まず、イジメに教師が加担していたこと。二つ目は、イジメから八年後、被害者の近くにいた同級生たちが証言をしていたことである。

このイジメは壮絶であった。殴る蹴るなどは当たり前。鹿川さんを取り巻くクラスメイト全員が参加した「葬式ごっこ」は、本人を死んだことにして葬式をするという、ありえない遊び（イジメ）であった。この遊びでは、四一人全員が記名付きで「寄せ書き」に参加している。それだけではなく、なんと担任の教師までが「寄せ書き」をしていたのだ。さらに、別の教師が三人も加わっていた。

「葬式ごっこ」を境に、鹿川さんの精神が負の方向へと突き進んでいったことはまちがいない。その結果、本人は自殺を決意し、父親の故郷である岩手県へと向かった。そして、盛岡駅の地下で遺書を書き、トイレで首を吊って亡くなった……。

この遺書は公表され、マスコミが嗅ぎつけて大騒動となった。連日、学校には一〇〇人以上の報道陣が取り囲み、学校側に対応を迫った。そこで学校は、例のごとく保身に走った。「イジメとは考えなかった」、「ごっこ遊びが流行っていた」と責任転嫁をしたのだ。さらに、定年間際の担任が、「寄せ書き」の事実をクラス全員に口止めしていたことが明らかになっている。

事件から八年後、鹿川さんの同級生によるインタビュー記事が公開されることになった。その詳細が先に挙げた『「葬式ごっこ」八年目の証言』にある。「クラスメイトの自殺」というインパクトは甚大であり、八年という時を経ても、当時の同級生たちにとってはその詳細が記憶から消えていなかったということがこの本から見てとれる。

「一人では解決できなかった」とか「弱い人間であることを知られるのが死ぬほどいやだった」というコメントからも、イジメを止めることの困難さが如実に分かる。さらに衝撃的なことは、鹿川さんの自殺から時を置かずに隣のクラスメイトがターゲットにされ、イジメが継続されていたという事実だ。この時点で、ようやく加害者は逮捕された。

一人の身近な人間が亡くなり、マスコミが連日のように報道していた最中でもイジメが起こるという衝撃の悪循環。これでは、「普通の学校でイジメが起こることは必然」と確信に似た感覚に陥ってしまう。冒頭の「イジメはなくならない」という筆者の主張は、ここに起因している。

イジメの構造を子どもたちに伝える際、感情的に訴えるだけでは解決しない。鹿川さんの遺書は衝撃的な内容であった。「生き地獄」と本人が記したように、死ぬ間際の心情が暴露されており、読む者の涙を誘う。

しかし、ここで終わってしまうと、水戸黄門の印籠のように読んだ者を黙らせるだけの刹那的な指導で終わるだろう。これでは感情が支配して思考停止の状態となり、まったく意味をなさない。ここでは、「クラスメイトの証言」という教材が脅威の破壊力をもつことになる。この教材が、読んだ者から現実的な言葉を引き出すことになるからだ。

こうした授業を行うと、一部の鈍いベテラン教師から、「そういう授業は寝た子を起こすだけだ」という寝ぼけた意見が出てくることが予想される（実際に同僚から出た）が、寝ているのは教師自身なのだ。

SNS全盛のご時世、子どもたちのイジメは陰湿さを増している。鹿川さんの時代（一九八六年）、登校さえしなければある程度はイジメは回避できたであろう。しかし、令和の現在は、自宅にいてもSNSを通してイジメが継続される場合がある。

では、イジメの授業は子どもたちを刺激して「寝た子を起こすこと」になるのだろうか。昨今のイジメ問題からも分かるとおり、子どもたちはすでに「目覚めている」状態なのだ。

一般的な「道徳科の授業」では、緩めの教材を読んで終わるという場合がほとんどだ。これでイジメを予防することはできない。しかし、イジメの構造やそれにかかわったクラスメイトの将来など、過酷な実態を知れば思考回路は（微小ではあるが）変容できる。一方、本能のまま放っておくとイジメの種が少しずつ芽生えてしまい、周りに伝染していくという悪循環に染まることになるだろう。

「イジる」ことから「イジメ」へと発展させる前に、頭に熱湯をかけるかのような教材で意識改革を促すことが「教師の使命」ではないだろうか。こうした教材を活用した授業を定期的に行うことは、一部の子どもたちの「命綱」になると筆者は考えている。

もし、教材にできない場合は、せめて「おすすめ本」として挙げていただき、読書指導を行ってほしいと思う。読書の習慣がない子どもたちにとって『「葬式ごっこ」八年目の証言』は、内容に重さを感じてしまうかもしれない。その場合は、『ナイフ』（一六ページ前掲）がおすすめだ。

この本に収録されている『ワニとハブとひょうたん池で』はイジメをテーマにした短編小説であり、読みやすいだけではなく、内容も深く、現実を考えるきっかけになる。

「古典」が生き残るワケ

「本を読む」という行為、これは何を意味するのだろうか。書店に行くと「読書術」、「本の読み方」といった書籍が並んでいる。また、古本屋の「出版・読書」といったコーナーにもこういった本があふれている。

筆者も、「読書」をテーマに本を書くにあたって図書館や書店を駆けめぐった。驚くほど多くの本があり、選書に困った。速読や遅読、知的生産を促す読書術の本まで、実に幅広いジャンルの関連本があったからだ。

「読書」という一つのテーマに関する本が多数あるということは、それだけ需要があるということだろう。では、なぜ読書に関する本には需要があるのだろうか。ここでは、古典を中心に据えた「読書の効用」について考えてみよう。

まず、読書をすることによって古今東西の偉人たちと「対話」ができる。本のなかには、すでに鬼籍に入った方もおられる。とくに、「古典」と呼ばれる本の著者は全員が亡くなっている。『論語』や『孔子』などは二〇〇〇年以上前の本であり、著者が生きているはずがない。それでも筆者の思想は、「本」という形を通して一〇〇〇年単位で生き残ってきたのだ。幸いなことに、本さえあれば「言語」を通して故人の思想を知ることができる。

現在の出版界を考えてみよう。毎年、何冊の本が出版されているかご存じだろうか。二八ページでも述べたように、一年間に七万冊以上も出版されている。要するに、一日に二〇〇冊以上が出版されているのだ。一〇年間で七〇万冊、二〇年間では一四〇万冊という膨大な量が出版されている。当然、売れない本は淘汰されていく。

そんななか、発売から五年、一〇年が経っても書店に残る本がある。ましてや、一〇〇〇年以上も前に出版された「古典」が令和の現在も書店の本棚に君臨しているという事実は奇跡と言えるだろう。

古典を読むと、人間の機微や社会の本質を知るきっか

けになる。こうした概念は、一〇〇〇年単位で「普遍」ということだろう。だからこそ、古典は現在の人々にとっても「必携の書」として君臨を続けている。

小説でも同じである。世界初の本格的な小説と言われている『ドン・キホーテ』（ミゲル・デ・セルバンテス著）はおよそ五〇〇年前に書かれている。歴史上最大の傑作と評価されることもある『カラマーゾフの兄弟』（フョードル・ドストエフスキー著）の出版は一〇〇年以上も前である。それでも、令和の現在に至るまで本棚に陣取っている。これらにも人間の本質をグサッとえぐる何かがあるのだろう。必要性や需要があるからこそ、こうした古典の数々は書店の本棚に置かれているのだ。

実際、筆者は「古典」を読み、その普遍性に何度も驚いた。教え子たちにも、日常的な悩みや人間関係のトラブルといった事例を挙げたうえで、「『論語』にはこう書いてあります」と課題解決のヒントを実感させる指導を行い、この本を紹介したこともある。その際、感想を書かせることはしていない。とはいえ、宿題として毎日のように書かせていた日記に次のような感想を書いてきた子どもがいた。

――『桃太郎』を読み、人間としての魅力がないとチームは成り立たないことを知った。

ストーリーを追うだけでも古典には価値がある。それ以上に、日常とリンクさせた読み方は読書の価値を向上させることになる。こうした力をもった本は時空を超えて生き残り、「古典」として認知されていくだろう。

とはいえ、「古典」は読みにくいがゆえに敬遠されがちとなっている。教師が「古典を読みなさい」と機械的に指示をしても、子どもたちが積極的に読むことはないだろう。

もし、「読書感想文」のような宿題にすると、ますます興味を失うかもしれない。そして、「古典アレルギー」を発症してしまい、「古典に触れる」という機会がなくなる可能性もある。「古典」は読みにくいがゆえに、慎重な読書指導が望まれる。

具体的には、マンガからすすめてもよいと考

神奈川県大和市立中央図書館「シリウス」。ここには、マンガ作品も豊富に所蔵されている

えている（ii、七四ページも参照）。先に挙げた『論語』や『カラマーゾフの兄弟』などの「古典」は、ほとんどがマンガ化されている。マンガで全体像をつかめば、原典を読むとき、理解不能に陥ることが防げる。

筆者もこういったマンガを購入して、「学級文庫」として二〇〇冊以上を置いたことがある。これらのマンガ、読みやすいためか大盛況であった。さらに、マンガを経由してゲーテに興味をもったあとに原典を読破し、大学院でドイツ文学を専攻した子どももいた。

にもかかわらず、日本の公共図書館におけるマンガの所蔵比率が少ないと聞く（二〇一四年の調査では約三〇パーセント）。司書の偏見が根強く残っているせいなのだろう。もっと視野を広げて、選書にあたってほしい。子どもたちは、きっかけさえつかめれば、「古典の入り口」に立てるということを忘れないでいただきたい。

読書こそ国語力を習得する最大の方法である

「読み・書き・ソロバン」という言葉があるように、日本人は読む力や書く力、そして計算力を奨励してきたという歴史がある。教科で言うと、先の二つは「国語科」であり、計算力は「算数科」となる。古来より、日本人の学力はこの三つの力が屋台骨となっていた。

これら三つのうち、国語の占める割合は極めて高い。つまり、現在にかぎらず「国語力」は重要ということであり、この力は「言語操作能力」とも言える。正確に読み、正確に書くことができる。こうした言語を操作する能力こそが教育の土台となる。

では、言語操作能力は、どのようにすれば習得できるのだろうか。前述した「耳学問」(一〇四ページ)の次に求められるのは、読書による「慣れ」であると考える。

中学生で英語を学習する際、「英文法」は必須である。主語や述語を中心に文を分析したうえで構造を知ったり、ルールを学んだりする。初等教育段階でも、こうした文の分析は行われている。当然、退屈な学習になることが多い。しかし、その一方で、「読み聞かせ」や独自の読書で文章に触れていた子どもたちは、本を通して「文の核心」に触れることができる。

では、こうした文法の学習で日本語を操作する力がつくのだろうか。もちろん、練習を重ねることで言語操作能力はつくだろう。しかし、継続して「文を分析する学習」を行う子どもはなかなかいないと思われる。自然と「独自の読解」になると予想される。

「書く」という作業においても、これは同じである。結局、「慣れ」が重要となる。そして、この「慣れ」は、文字を読むという蓄積の結果であり、その中核が読書となる。

本を読むことで文に「慣れる」ことができる。稀にだが、「今、読んでいる本は面白い本を読んでいます」というような、文法が崩壊した文章を書く子どもがいる。こうした文法の誤りを説明して、理屈やルールを理解させるのは極めて困難である。頭で分からせるよりも、文章に慣れさせることが肝要と言えるだろう。

よく本を読んでいる子どもであれば、助詞の使い方や主語・述語のルールなどは自然と身につくものである。これらのことは、理屈ではなかなか理解させられない。結局、経験値（主に読書量）がものを言うことになる。

「今、読んでいる本は面白い」と、正しく書くことができるというのは感覚的な領域に属するであろう。本を読まず、文章に対する経験値が足りない子どもは、必死に考えても不自然な日本語になる場合が多いのだ。念のために言うが、これは子どもにかぎったことではない。市販されている本を読んでも、不自然な日本語に出合う場合がある。たぶん、日常あまり本を読まない人が本を著しているのだろう。対岸の火事とせず、筆者も気をつけたいところである。

真っ当な日本語に多く触れる。また、真っ当な文章を声に出すことも重要である。なぜなら、声に出したり、素読したりする過程で、文体や文の構造を脳内に浸透させられるからだ。このような経験によって言語操作能力が格段に高まり、「読み・書き」において苦労するといった場面も減るだろう。好奇心に沿った本や学問に触れる機会が増えれば、日本語を操作する能力はますます向上すると断言できる。

「大学の講義」を圧倒的に凌ぐ読書の力

以前、教員の世界には「教員免許更新制度」という悪しき慣習が存在していた。「一〇年に一回」という謎の間隔で、免許の更新が義務づけられていたのだ。真夏、（主に）大学へと通い、講師陣の講座を受ける。自費で三万円を支払い、一日六時間の講座を五日間も受けさせられたあと、最終日には更新の合否を判定するテストまであった。交通費も、もちろん自腹であった。

そんな地獄のような更新制度も、現職教師たちの猛反対を受けて闇に消えた（二〇二三年度から廃止）。しかし、この講座を受講したことで、「講座を受けるより、本で学んだほうが効果的」という事実の再認識ができた。

当時を思い出すと、真夏の講座を真面目に受講していた教師は皆無であった。世間的には「真面目」という印象がある教師。もちろん、世間のイメージどおり真面目な教師が多いのは事実である。しかし、更新制度で仕方なく講座を受けた教師たちは、どんどん「不真面目」になっていった。理由はただ一つ、講座を受けもっていた講師陣の「退屈な話」である。とにかく、つまらなかった。

受講していた教師たちは、講座専用のテキストを持参していた。では、講義を受けもっていた講師たちがそのテキストをどのように使ったのかというと、ただ文面を読むだけであった。

テキストには、各章末にまとめの文面が掲載されており、講義を受けた直後の小テストを重ねたことで「テストはここから出るだろう」と予想がついた。つまり、九〇分ほどの講座は、五分ほどの「まとめの記憶」で乗り切ることができたわけである。

実際、筆者だけでなく、ほぼすべての教師たちは講座など聞かずに、「まとめ」を自分なりに記憶してテストに臨んでいた（当時、同じ大学で受講していた知り合いの三六人は、「五分程度の記憶」で全員が合格している）。

つまり、九〇分の講座は意味がなかったということだ。当時、五〇〇人ほど入る講義室にいた教師のなかで、真面目に講座を受けていた人

は、分かる範囲ではいなかった。むしろ、後部座席を陣取って、お菓子を食べたり、マンガを読んで時間を潰したりするという教師が大半を占めていた。それほど意味のない講座が実際にあったのだ。と同時に、「学生時代もこんなものだった」と思い出してしまった。

大学時代を振り返って分かったことがある。「大学という場」は、教授から学問の面白さを享受していただく場所ではなかった（あくまでも独断）。もちろん、「単位」をとるためには、それなりのテスト勉強は必須である。しかし、それは、真面目に講座を受けて学んだことを活かすというより、友人たちと協力して、ノートを活用したうえで単位をとっていたような気がする。これと同じことが、後年に経験した免許更新制度でも繰り返されていたのだ。

講座と読書。成果は圧倒的に後者に軍配が上がる。講座では、のんべんだらりとした口調で言語が垂れ流され、それを仕方なくノート化することになる。そして、ある時期（それも早い段階）に、「ノートに書くより、テキストの要点を覚えたほうが効率的だ」と気づく。当時の「発見」は、一〇年単位の時空を超えて「知恵」として根付いており、更新制度でも活躍することになった。

講座では、講師陣のペースに合わせる必要がある。最近だと「動画配信」があり、倍速で視聴する受験生もいると聞く。実に効率的だ。しかし、本による理解の速度は二倍どころではなかった。まず、紙面ベースだと、「目次」で全体の構造を描くことができる。また、答えにたどり着くまでのスピードも驚異的だ。受身に近い講座より、圧倒的なスピードと効率性を誇っている本、素晴らしいコンテンツであると改めて気づいた。

免許更新制度において、無駄な時間を回避しようと知恵を絞ったおかげで、「本の偉大さ」を再認識できた。さらに言うと、国語科で行われる「読解指導」にも共通して無駄が多いと気づいた。国語の授業においてテキストを分析する読解指導、その際に無駄が大量に生じていたのである。本を活用した読解力の鍛錬については、次章で論じることにしたい。

「読書嫌い」を大量に生み出す狂気の愚策とは？

夏休みの宿題に「国ぐるみの愚策か」と考えてしまうものがある。それは、読書感想文（以下、感想文）だ。感想文は、教員一年目から「愚民をつくるための国策」と本気で思っていた。

感想文といえば夏休みの定番である。同じく定番の「自由研究」には、文字どおりある一定の自由がある。また、テーマの選択次第で楽しむこともできる。一方、感想文には「選書」という自由さがあるものの、書き方にまで「自由」が与えられたことで子どもたちを苦しめ、読書嫌いを大量生産することになった。また、猛暑のなかで強制的に本を読まされ、無理やり感想を書かされるという実態も、読書嫌いを生み出す元凶となっている。

感想文は、教師からの指導がほとんどなく書かされている場合が多い。楽しいはずの夏休みに、

「書き出し」すら分からない子どもたちが感想文に苦しんでいる。こんな状態で読書を好きになるわけがない。

実際、感想文がきっかけで読書に目覚めたという事例は聞いたことがない。一方、本が嫌いになったという例には枚挙にいとまがない。本嫌いだけではなく、文章への抵抗感まで抱かせることさえある。「読み書き」を併行して嫌いにさせるという愚行を、小学一年生から行わせているのだ。義務教育の一年目から読書嫌いを大量発生させる行為は、「大罪」としか言えない。

逆に、「読書好きにする方法」はいとも簡単であった。国語の時間に図書室へと連れていき、好きな本を探してもらう。これだけでよかった。テストが早く終わったり、休み時間に友達と遊ばない子どもは、図書室で借りた本を取り出して読みはじめる。大した努力もせず、自然と本好きな子どもたちを大量に生み出すことができた。

朝、一〇分前後の読書を推奨している学校もあるという。読書の時間があること自体は悪くはない。しかし、教師主体の「推奨

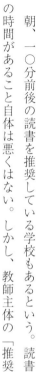

本」を強制してしまうと、一気に読書嫌いを生み出すことになる。ここでも、それぞれが興味をもった本を読ませればいいだけだ。

狩猟採集の時代、本のないときでも「民話」は存在していたと考えられる。各地域で受け継がれてきた民話の数々、これらを親が話したり、群れのリーダーが全体の前で話していたという事実は、折口信夫（一八八七～一九五三）や柳田國男（一八七五～一九六二）などが著した民俗学の本を繙《ひもと》けば分かるだろう。それほど人間は、ストーリーに対する渇望があった。つまり、物語を欲していたということだ。

こうした世界観を一人で満足できる行為、それが読書である。読書には、遺伝子レベルで人間がもっている本能を満たす力があるように思う。同時に、知的な欲望にまで耐えられるだけの力もあわせもっていることを再確認したほうがいいと思うのだが、いかがだろうか。

教科書について考えてみよう。実は、子どもたちが使用している教科書は欠陥だらけである。教科書は税金で賄っているとはいえ、あまりにも薄すぎる。小学一年生の教科書（とくに国語科）は「老眼の子どもでもいるのか」というくらい文字も大きい。そして、ページ数だけでなく中身（内容）も薄い。小学校の教科書などは、六年分を一日で読めるほどの薄さでしかない。また、習っていない漢字は教科書に使用できないという謎の規定によって、『五重塔』（幸田露伴、岩波文庫、一九九四年）などの名作がどんどん消えていった。

それが理由なのか、ある年の四月、谷中霊園で花見をした際に「十兵衛が建てた五重塔を見てみたかった」とつぶやいたとき、「柳生十兵衛は大工でもあったの？」というトンチンカンな答えが返ってきた。五重塔跡のそばにシートを広げていたのだが……。

こうして、日本の子どもたち（大人たちも）は愚民化されていったわけだ。さらに、感想文によって、教科書の欠陥を埋め合わせる術であった「読書という砦」が崩壊することになった。現在、日本の国語教育は、こうした愚策によって危機的な状況に置かれている。

初めて「世間」にだまされた一八の春

受験生時代、「速読」に憧れた。憧れは実行を生み、そして失敗した。結論から述べると、ある「速読法」の商法と出

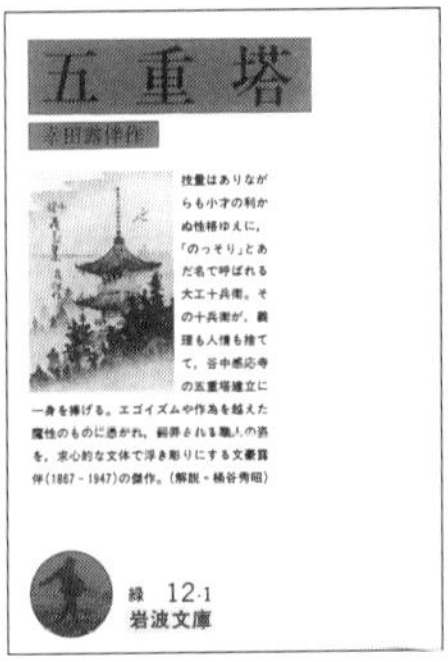

岩波文庫

谷中霊園（台東区）にある天王寺五重塔跡

合ってしまい、膨大な時間と労力を失ったわけである。以下に記す、著者の失敗談にお付き合いいただきたい。

一八歳の春、受験に失敗して浪人することになった。三月初旬に高校の卒業式を終え、翌週からの受験に向けて取り掛かることにした。「まず、勉強方法を知ろう」と決意して、地元で一番大きな書店に出向いた。そして、驚いた。巨大な書店には、恐ろしいほど膨大な数の受験関連書があり、次のようなタイトルやキャッチコピーに惹かれてしまったのだ。

「三か月で偏差値30アップ」
「驚異の記憶力で難関大学にラククラク合格」
「東大合格の極意」
「浪人の期間は一年間」と決意していたため、結果を出すための手法を探しに探した。しかし、ここで失敗することになった。

前述したキャッチコピーは、怠け心のある受験生を虜にする。実際、筆者はこうした本を大量に購入し、ノートにまとめる作業に三週間も費やした。そのなかでもっとも惹かれたのが「速読法」であった。

「これまでの百倍の速さで読める」

「読む速さに比例して、遊ぶ時間が増える」
「最小の努力で最大の効果が得られる」

書店で手にした速読の本は、心が躍る文章で埋め尽くされていた。今なら「ありえない！」と思える思想にも迷うことなく傾倒するほど、当時の脳は幼かった。まんまと「悪魔のささやき」を信じ、速読の理論をマスターするための鍛錬をはじめた。

まず、目の動きを速くする練習から行った。絵本を使って文字を上下左右に動かす。それも、次第に高速化させていくという練習であった。のちに「目の速さは上達しない」と知ることになるが、当時は視野も狭く、藁にもすがる思いで目を動かす訓練をしていた。

次に「心の声」である。本の文字を目で追う際、心の中で音読をするように読む（主に黙読）。これは誰でもしていることだろう。しかし、これが速読法では厳禁であり、「読むことを遅くする」という。たしかに、文字を心の中で読まず、

写真を撮るようにして言語が理解できれば速く読める。とはいえ、これまでの読書経験を覆す手法がそう簡単にできるはずはなかった。

結局、速読は二か月で挫折し、一日六時間以上も費やした労力は泡と消えた。要するに、まったく結果が出なかったのだ。

普通の人なら、キャッチコピーの段階で「怪しい」と疑って、試すことさえしないだろう。高校時代に「学習心理学」に関心をもち、多少の知識があったにもかかわらず、速読の鍛錬から抜け出すことができなかった。「もしかしたら活路が見いだせるかも……」という、宝くじのような夢を見たわけだ。

速読自体は悪くないし、実践している人もいる。何より、現在、筆者は速読ができるようになった。これは、速読に特化した鍛錬をしたからではない。知識が増えたことによる飛ばし読みや、本質を抽出する読み方ができるようになったというのが自分なりの実感である。つまり、読書の本質を知ったことで自然と速く読めるようになっただけである。

さて、速く読むためには基礎知識がいる。成人であれば、誰でも絵本をザッと読むことができるだろう。しかし、幼児はゆっくりとしか読めない。そもそも平仮名やカタカナの知識がないため、容易に読むことすらできないだろう。よって、幼児が速く読むことは不可能である。

この理論は大人にも当てはまる。文字を読むことはできても、基礎知識がなければ読み進めることができない。教育書でも、「合理的配慮」や「特別支援教育」などの意味を知らなければ理解しながら読むことはできないだろう。当然、そうした状況下では速読はできない。

一八歳の春に話を戻す。

当時は、受験を乗り切るための基礎知識や勉強方法などといった情報の絶対量が枯渇していた。そんな状態で、難解な本を速く読むことなどできるわけがない。少し考えれば分かることも、「甘い幻想」に惹きつけられていた当時、メタ認知が効かなかった。前記したとおり、気づくまでに二か月も要したのである。幸い、「王道」に方向転換したことで受験では成果を出すことができたが、失敗したことで猛省し、成功するための理論や学習心理学を学び直したことで最悪とも言える状況は回避できたと思っている。

何事も、成果を出すためには「本質」を知ることが必須である。もちろん、受験の世界でも同じである。志望大学に相応しい知識をもち、受験当日に「問いに対する答えを出す」。これが受験にとって成功の本質であると筆者は考えている。そのためにも、まずは知識のインプットが肝要である。

本質を知れば、速読などに頼らずとも成果を出すことができる。時間をかけて知識を仕入れることに焦点を当てればよかったのだ。つまり、理解できるまでじっくりと読みこみ、ノートに書いたり、声に出したりする。インプットとアウトプットの往復で記憶に刻んでいけば成果は出せる。そこにスピードは必要ない。むしろ、読むスピードを上げることで理解度が下がるという経験もした。要するに、速読と理解度は「トレードオフの関係」であったわけだ。この事実を春先に知っていれば、速読に無駄な時間や労力を費やすことはなかっただろう。

世の受験生諸君に言いたい。受験の世界に近道はない。しかし、無駄を回避する方法はある。それは、筆者のように「甘い密」を吸わないことだ。本質を知れば「悪魔のささやき」は回避できる。知識がない状態にもかかわらず、速読に挑戦することは厳禁である。

読書の「誤解」を科学的に検証してみた

読書という行為に対してさまざまな意見が述べられているようだが、そのなかでも気になるのが以下のような誤解である。

①ネット情報はタダのため価値がない。
②出世したり、成功した人は読書家である。
③読書時に辞書を引く場合は、電子版より紙面がよい。

こうした考えに成否はないが、偏見率が高いことはまちがいないだろう。以下で、一つずつ解説していきたい。

まず、「①ネット情報はタダのため価値がない」は果たして正しいのだろうか。とくに、読書家と言われる大学教授などはネット情報を軽視しがちである。これは知性的な方々の本を読めば分かる。「ネット情報はゴミ」とまで言い切った著名人もいるほどだ。では、無料で観覧できるネット情報には本当に価値がないのかというと、筆者の見解は違う。ここでは、「有料」である本の話からしよう。

本をつくる場合、一般的には脱稿してから出版までに三か月ほどの時間がかかっている。その間に、掲載した情報の新鮮味が落ちる場合もあるだろう。一方、「ネット社会」は鮮度が抜群である。ある著名人が「ネットは散歩であり、読書は筋トレ」と表現した動画を配信していたが、思わず「うまい！」となってしまった。

たしかに、ネット情報は「点」という状態が多い。動画となると、「点」の流し読み状態と言える。これは、脳にとっては「散歩」に近いだろう。一方、読書は「線」と言える。この「線」は情報の集積となって、読者の脳を熟成させることがある。まさに「筋トレ」の領域である。

要は、ネットも本も、使い分けさえすれば「情報」や「知識」として価値をもつということだ。両者の長短を見極めたうえで使いこなせば、どちらにも価値を見いだすことができる。問われているのは、読む側（見る側）の見識である。

次、「②出世したり、成功した人は読書家である」はどうだろうか。この主張は、そもそも研究データが薄弱と思ってしまう。たしかに、有能な経営者に読書家が多いことは事実である。実際、筆者もそういった「カリスマ」と呼ばれる経営者や経営コンサルタントの本を読んだことがある。

しかし、ここでちょっとした疑問が湧く。まず、本を出版している時点で読書家の可能性が極めて高いということだ。そして、読書家以外の成功者には社会の「光」が当たらないという事実がある。

仮に、「中卒で大富豪になった人」がいたとする。そういった人は例外中の例外であり、「特殊性」や「目新しさ」ゆえにマスメディアで取り上げられていることは誰もが知るところである。このような異例は、「汎用性」や「再現性」が極めて難しい。

とはいえ、読書を通して学ぶことで成功の確率は高まるだろう。「成功者の思考」、これを模倣することで社会システムに沿った判断ができるようになる可能性が高くなる。その結果、成功の確率も高まるというわけだ。こうして、「②出世したり、成功した人は読書家である」という風潮ができたと思われる。

最後の「③読書時に辞書を引く場合は、電子版より紙面がよい」はどうだろうか。受験を経験した人なら、③に似た仮説を聞いたことがあるかもしれない。「紙の辞書を引くと、その周辺の語彙に触れるために知性の幅が広がる」という教師たちの「迷言」だ。たしかに納得感はあるが、時間を取られるというマイナス点もある。

一方、本においても③に似た考え方がある。「電子書籍よりもリアルな紙の本が活用しやすい」というものだ。そのとおり、本に関しては筆者も賛同する。電子書籍は持ち運びに便利であり、「しおり」や「検索」といった機能もあるため効率がよさそうだが、全体をサッと俯瞰したり、本文にメモやコメントを書いたりするときには手間がかかってしまう。これらをふまえると、電子書籍のほうが優れているとは言い難い。

読書指導を行う際にも、こうした偏見に惑わされないようにする必要がある。とくに、「①ネット情報はタダのため価値がない」は再考が求められる。前述したように、ネット情報は精選さえすれば価値をもつからだ。検索した時点では「点」の状態でも、テーマに沿って編纂できればいずれ「線」となって、知識としての価値をもつことがある。

ＩＣＴ時代、検索をすることで情報の編集ができれば、そこで得られる知識の価値は侮れない。本だけの情報を絶対視するのではなく、クリティカルな視点をもった情報への対峙が求められている。それだけに、どういう手段であれ、気楽に本を読んで研鑽していきたいものである。

AIとテキストという「二刀流学習」の是非

「ドーハの奇跡」で盛り上がったＷ杯サッカー（二〇二二年一一月）。ここで話題に上ったのは「ＡＩ（人工知能）」の積極的な導入であった。

これまでは、プレー後のスロー映像を見て、テレビの前にいる観客は、審判が下した判定を批判していた。「今のはハンドだ！」とか「オフサイドじゃん！」と叫んでいたのだが、このような場面がＡＩの導入によって激減した。「文明の利器」によって下された判定に、すべての人が従うようになったのだ。

その一方で、臨場感が減ったようにも感じる。たとえゴールしても、選手たちはすぐに喜ばないという場面が増えた。つまり、「ＡＩによる正確な判定」によって人間味が損なわれてしまったように感じるのだが、みなさんの意見はいかがであろうか。

ＡＩの世界はスポーツだけではない。教育の分野においても表層化している。デジタルを取り入れた授業が急速に行われているのはご存じだろう。現在の教育現場では、ＡＩが関与することもあるのだ。

旧態依然の学習に対して、ＡＩを代表とするデジタル技術の参入。これらは、アナログの「本」という存在に多大なる影響を与えたと言ってよいだろう。たとえば、動画で学習する子どもと本を中心に学習する子どもという二極化が顕著になったと実感している。ある子どもは「スタディアプリ」などの授業動画で学習する。一方、別の子どもは参考書を使用して学びを深めている。この差は歴然である。

　前者の動画視聴は受け身になりやすい。もちろん、「分かりやすい」というメリットはある。厳選された講師陣が洗練された授業を展開するからだ。一方、本は読者が中心となる。読む速度や理解度によって学習の進み具合が自ずと変わってくる。個人差があるため「どちらがいい」とは言えないが、筆者の見解としては「使い分けが重要」と進言したい。

　正直、過酷な競争を勝ち抜いた講師陣の腕前は「絶品」のひと言だ。参考書には掲載されていない「行間」を解説することもある。また、「生の声」という臨場感が、学ぶ側に覚醒にも

似た感覚へと導いてくれる。一方、本は、一次空間のために文字や図など、範囲の狭い解説になりがちである。難解な内容では、理解が困難なこともあるだろう。しかし、先にも述べたように、自分のペースでページをめくり、全体が俯瞰できるといったメリットがある。

学習を苦手としている子どもは、ライブ感が豊かな授業を取り入れて理解の補助をし、机上におけるテキスト学習で知識を深めていく。そんな「二刀流」が望まれるような気がする。タブレットが主流になりつつある現在、学習の仕方にある種の判断力が求められているわけだが、それを意識している教師（保護者も含めて）はどれほどいるのだろうか。

楽しい書店の旅――「不登校」激減の図書室とは？

みなさんは書店を選ぶ際、何を根拠にしているのだろうか。「近所にあるから」といった立地条件を優先する人や、「専門書がある」とか「新刊書が豊富だから」といった理由で書店を選んでいる人もいるだろう。

筆者の主観ではあるが、書店には「大きさ」に応じた特徴があるように思う。まず、主要駅に近い所に立地している大型書店。ここには、新刊書はもちろん、専門書や絶版寸前の本まで幅広く置かれている。本の世界を楽しみたいという人は、大型書店に通っていることだろう。

とくに首都圏に在住されている読書家にとっては、東京都千代田区神保町の古書散歩が「最高に知的な時間」となるかもしれない。大型書店では売っていなかった本を古書店で探し、見つかったときの感動は何ものにも代えがたいようだ。

そして、「獲得した本」を抱えてカフェに入る。または、ランチの時間帯であればカレーライスを楽しむ。実は神保町、カレーライスの聖地でもある。本を読みながら、コーヒーやカレーライスでお腹を満足させることができれば、至福の「知的な時間」となるだろう。

待ち合わせの場ともなっている紀伊國屋書店新宿本店

次に中型書店である。こちらには、新刊書はもちろん、新書や単行本などが置かれている。書店員の好みで「コーナー」が設けられているところもあり、相性が合えば通い続けることになる。実際、筆者は地元の中型書店に週に五回ほど通っている（帰路にあるため）。前日と同じ環境のようで、実は同じではない。そんな不思議な感覚に浸れるのも中型書店の特徴である。

教育の現場では図書室をすすめている。「一日に一回は入ってみよう」と声をかけて、「図書室に入るだけでも『知の雰囲気』が味わえる」と伝えている。

勤務校では、子どもたちのために司書や保護者が「知的な環境」に力を入れてくれている。そのため、「本好きを増やす環境」が整っている。季節に合わせた掲示や話題の本の紹介コーナー、また読んでほしい本のポップ（本の内容を紹介した文章など）が飾られている。

教育的な立場では、「図書室の構造」を教えることも効果的となる。主に小学校四年生になると本の背表紙に掲示されている記号を学習するわけだが、低学年を担任していたときには、学習を先取りして「○番は図鑑コーナー」などと言って指導を行っていた。

図書室に関係する知識があると、読みたい

映画『舟を編む』のロケ地ともなった神保町の古書店街

本がすぐに見つかる。「本が見つからない」といった、わずか数秒のストレスが払拭されるのだ。「探すというストレスがない」といったメンタルの壁と、「番号の意味を知っている」という優越感が図書室に向かわせている。

そういえば、休み時間に、借りてきた本を通して友達と読書会を開いていた子どもがいた。一人になりがちな子どもが参加したことで、似たような傾向の子ども同士が交流する機会ができ、友達関係にまで発展したこともあった。要するに、本のおかげでお互いに「居場所」ができたわけである。

不登校となる要因の一つに「居場所の喪失」がある。第1章でも述べたように、本には「学校の重大な問題」を解決するほどの力があるようだ。

話を書店に戻して、最後に小型書店を挙げよう。イメージとしては、駅の構内にある書店であろうか。

ここに置かれている本は、「新刊」と「ベストセラー」が九割ほどを占めている。何分、小型書店は本を置くスペースが狭い。場所を配慮し、さらに効率よく販売するためには新刊と売れ筋の本を置くというのはビジネス面から考えても当然である。

とくにコンビニなどに置かれている本は、「売れる本だけを置く」という精査を潜り抜けている可能性が高い。小型書店よりも、さらに本を置く場所にかぎりがあるからだ。売れるという保証のない新刊は置かれない。売れる本しか置かず、確実に売れる本はレジの前を陣取ることさえある。『ワンピース』の新刊がレジ前にドサっと置かれている光景を想像すれば、納得がいくだろう。

とはいえ、最近は「児童書専門店」のように「こだわり」のある小さな書店も開業しはじめている。このような書店に足を運び、店主にいろいろ尋ねてみるというのも面白いかもしれない。その時々の目的に合わせて書店めぐりをするというのも、読書環境を高める方法となる。さらに、入りやすい古本屋「ブックオフ」などもあるので、親子で出掛けるというのもいいだろう。いずれにせよ、本との付き合い方をより良いものにしたいのなら、学校だけでなく家庭においても環境を整える必要がある。

こだわりの本屋「Readin' Writin' BOOK STORE」（〒111-0042　東京都台東区寿2-4-7）

第4章

本の選び方

読書の価値は「読む前」に決まる

「知りたい」という本能レベルの読書欲

「知の巨人」と呼ばれた立花隆（一九四〇～二〇二一）。立花は政治や医学など、多分野における著書があり、それぞれの分野で一流の域に達したことからこのようなニックネームがついた。

立花の書斎は「猫ビル」と呼ばれ、その本棚を紹介した『立花隆の書棚』（中公新書、二〇一三年）を読んで圧倒された。「猫ビル」内には、本や資料などがあふれていたのだ。亡くなった際、単行本だけでも五万冊以上があったと言われている。

膨大な資料に囲まれ、世界を股にかけて取材と執筆を重ねた立花の原点が強烈な好奇心にあったことはよく知られている。NHKの特集番組において本人も、「知りたい欲がある。追求する思いが誰よりも強い」などと好奇心への熱い思いを語っている（「NHKスペシャル　見えた　何が　永遠が　立花隆、最後の旅」二〇二一年四月三〇日放送）。好奇心を源にした立花の知識欲は、食欲や睡眠欲のような「本能の域」を思わせる。

膨大な読書量で、既存の知識があった立花、脳内で各分野の要素が結合し、好奇心が強烈に喚起されたことは想像に難くない。そのような好循環こそが立花を「知の巨人」へと押し上げた。それほど「知るという行為」は楽しいことなのだろう。

番組内で立花は、「知識を得たことで、知らないことをまた知ることができた」と語っていた。こうした概念は「無知を知る」で有名なギリシャの哲学者プラトン（三六ページ参照）にまでさかのぼる。また、アインシュタイン（三五ページ参照）も、「知ることで、いかに自分が知らないかが分かった」と語っている。

約二〇〇〇年前の哲学者や一〇〇年前の科学者、そして令和の「知の巨人」に至るまで、知識の源流はつながっているのだろう。三者の高次なレベルに到達するまでもなく、知識や知性に触れることは「面白くて、楽しいこと」だと言える。そのために必要とされる行為、それが読書ではないだろうか。

読書は好奇心を喚起する。喚起できる環境や機会があるかどうかは「運」が関与する。もし、大人が正しく関与することができれば、子どもたちは「読書」という、面白くてためになる機運に恵まれる。要するに、大人の関与次第で「運」は操作できるということだ。

では、どのようにして子どもたちに読書の機会をつくればよいのだろうか。実は、ここには難題が待ち構えている。令和の現在、身の周りには「読書以外の娯楽があふれている」のだ。その最たるものがスマホであろう（二四ページ参照）。

スマホは、読書という習慣のない子どもたちにとっては大敵と言える。スマホ中毒の子どもが、自然な形で本を手にすることはないからだ。そのため、スマホと対峙したうえで読書のきっかけをつかむ必要がある。つまり、「スマホより本が面白い」という状態にもっていかなければならないのだが、現実を振り返ると難題が山積みとなっている。

「学校」という教育現場を考えてみる。前述したとおり、最近、全国各地では「一〇分間読書」という活動が流行している。主に朝の時間を使い、一斉に読書をするという活動である。

時間帯によっては、スマホの使用を禁止している学校が多いだろう。とくに朝の時間、教室でスマホの使用を禁ずるというのは、それほど難しくはない。時間と場所を規定するという状況を利用した「一〇分間読書」は、本に触れあうという絶好の機会となる。

ここで問題になるのが「選書」、つまり本の選び方である。教師が「本を読みなさい」と言うだけでいいのだろうか。活動のみの強要で、本好きになる子どもが自然に生まれるとは思えない。

実際、子どもたちのなかには、「一〇分間読書」というルールがあるために仕方なく本を読んでいる子どももいるだろう。こうなると、読書の時間は苦痛になる。強制する形で本を選ばせてしまうと読書が義務的な行為になり、本嫌いを加速させる可能性がある。何を読むのか、この選書が極めて重要になってくる。

読書の優先順位で「楽しいこと」が上位に来るべきことは、先に挙げた立花の例からも分かるだろう。児童文学者の椋鳩《むくはと》十《じゅう》（一九〇五～一九八七）も、読書の目的の第一として「楽しさ」を挙げている。また、児童文学を論じた古典である『児童文学論』（石井桃子ほか訳、岩波書店、一九六四年）の著者であるリリアン・スミス（Lillian Helena Smith, 1887～1983）も、読書における「面白さ」や「楽しさ」をすすめていた。

では、どのようにして「個」に合わせた選書を行えばよいのだろうか。

教室では「全体」を相手にすることが多いため、「個」に沿った選書は難しいように思える。しかし、子どもたちを巻きこむような本の紹介は可能である、と筆者は考えている。本章では、主に選書について論じていきたい。

児童文学の巨匠が推す「本の選び方」と八つの視点

読書にとって、もっとも重要なこととは何だろうか。先に紹介した児童文学の巨匠、椋鳩十《むくはとじゅう》は「感動」を挙げている。

感動とは、心の奥底深く眠っている力はね、寝坊だから起こさなければならん。起こすためには刺激がいる。心の刺激は一つの感動ですな、感動とは眠っている人間の力の目をさませると同時に、心を新たにして劣等感などを取り去っていく。（中略）われわれはそういった大きな感動を子どもと自分たちの間に持ってくることのできるものがある。これはすぐれた本です。すぐれた本の中には、すべて感動の可能性がある。（『椋鳩十の本　第二十五巻　読書論――心に炎を』理論社、一九八三年、五六ページ）

椋は「感動」を重視している。そして、心を動かす「感動の力」は、読書によって体感でき、この感動が「心機一転」となって、人生を左右するほどの力をもつという（『村々に読書の灯火を――椋鳩十の図書館論』理論社、一九九七年を参照）。

子どもたちが「感動を喚起するための本」に出合える可能性はあるのだろうか。これまでの教育経験や同業者との対話を通しても、自主的に感動的な本と出合える可能性は極めて低いと言える。となると、保護者や教師などによる「教育的な配慮」が必須となる。

子どもが自ら本を求め、感動的な本に出合うことを待つのではなく、家庭の場合は保護者、学校では教師などが「本との出合い」という機会を提供しなければならない。つまり、環境を用意する必要があるということだ。

椋が理想とする「感動」という感情は容易ではないだろう。しかし、「楽しい」という感情であれば、それほど敷居は高くない。それに、学校の図書室には「楽しい」に値する本があふれている。

学校の場合、国語科において「図書の時間」がある。このとき、何となく子どもたちを連れていくのではなく、やはり教育的な配慮が必須となる。では、どのような配慮が必要なのだろうか。まずは、好奇心を最大限に活用するための「言葉かけ」が求められる。これまでに読んだ読書論の本や教師経験から、「成功した方法」は以下のようになる。

①いま、一番読みたい本
②いま、一番知りたい知識がある本
③表紙に惹かれた本

④気持ちが求める本
⑤タイトルに惹かれた本
⑥友達がすすめてくれた本
⑦憧れの人がすすめた本
⑧読みやすい文体の本

以下では、エピソードを交えながら、それぞれについて解説をしていきたい。

「塾」講師の強迫」から絵本が救ったルポ

「①いま、一番読みたい本」では、具体的な提示が効果につながったという経験がある。五年生を担任していたのときのことだが、受験組だったFさんは「本は名著を読むもの」と絶対視していた。そんなFさんの変容ぶりを紹介しよう。

某有名進学塾に通っていたFさんは、四年生まで歴史に関する本や偉人伝などを借りることが多かった。しかし、読む姿を見るかぎり、読書を楽しんでいるような感じがしなかった。実際、

Ｆさんは「読書は受験のため」と割り切っており、学習塾の講師が推薦する本ばかりを読んでいた。

もちろん、歴史や偉人に関する本が受験にとって「ためになる」ということもあるだろう。しかし、先々を考えた場合、受験後にＦさんが本（または読書の習慣）から離れることが危惧された。そこで、「①いま、一番読みたい本」をすすめたわけである。

ここで重要なことは、具体的な提示である。「読みたい本を選んでごらん」と漠然とした指示だと、Ｆさんは読みたい本ではなく、やはり講師がすすめた本を選ぶだろう。実際、四月初めの段階では講師が推薦した本（歴史や科学の辞典など）ばかりを借りていたので、具体的な指示をしてみた。

「本棚の前に立って、本当に読みたいと思った本を手に取ってごらん」とか「面白そうな本を見つけてみよう」などと、心が踊るような声かけをしたのである。すると、Ｆさんは絵本を手にした。低学年が読みそうなものである。

席に着き、嬉々とした表情で絵本を三回以上も読み返していたＦさんは、そのまま借りて教室に戻っていった。そして、教室でもその絵本にハマって、笑顔を崩すことなく読んでいた。

それ以降、図書室に行くたびに絵本を手にして読み続け、夏休み以降は、低学年用の絵本から高学年向けの児童書へと移行していった。

Fさんに尋ねると、夏休みには勉強の合間に二〇〇冊以上の絵本を図書館で読んだという。同時に、「本を読むことが好きになった」と笑顔で語っていた。これまでどおり、受験向きの硬めな文章にも積極的に取り組みながら、「合間の絵本で癒された」とも言っていた。同時に、読書については「心のブレーキが外れた」という意味深長な発言もあった。

塾講師の発言を絶対視して、それ以外の本を読むと「成績が上がらない」と本気で思っていたFさん。実際、その塾では講師のすすめた本以外を読むといった雰囲気はなかったようだ。しかし、Fさんが塾で友達に児童書をすすめてからは、「自習室の雰囲気が軽くなった」と教えてくれた。この状態に講師が苦言を呈することはなく、安心して「娯楽の読書」ができるようになったという。

「勉強の合間に読書することは最高の休養」とまで言っていたFさん、このような領域に達すれば、本を読み続ける人生になるだろう。

「一番読みたい本」をすすめるという教育的な配慮（指示）は、選書に対する支援となるだけで

なく、読書好きを増やすことにも直結すると実感できた。また、大人の都合で難解な本をすすめるといった無責任さは「本離れ」を加速させるという危険性も痛感できた。

読書の「罠」から脱して学力を上げた親子の物語

選書の視点であり、また合理的配慮でもある「②いま、一番知りたい知識がある本」は、好奇心の灯火をもっとも喚起するものであると実感している。事実、授業後にも効果を発揮してきた。

誰しも知識欲はあるだろう。これまでのテレビ番組を見ても、クイズや謎かけなどが継続して放送されてきたという事実からしても、「知りたい」という欲求が老若男女にあることは証明されている。

最近にかぎらず、「国内の歴史」を繙《ひもと》いても勉強する（主に、文化に触れる）ことが娯楽であったと分かる。文明の利器（スマホなど）がなかった時代、たとえば平安時代には貴族が歌を詠み、江戸時代には歌舞伎や落語といった文化を多くの人が楽しんできた。

文学も例に漏れず、『東海道中膝栗毛』（十返舎一九）や『南総里見八犬伝』（曲亭馬琴）はベストセラーになっている。『学問のすゝめ』（福沢諭吉）に至っては、国民の三割前後が読んだと言われるほどの人気を博し、歴史に名を刻んだ。まさに、「学問」が娯楽の域にあったのだ。

このような「知識や文化を欲する遺伝子」は、令和の時代になっても衰えることはない。教育現場でも「知りたい」という欲求は健在であり、教師の働きかけ次第で子どもの心をくすぐることは十分できる。

コンサルティングで名を馳せた堀紘一氏は、「他の誰よりも子どものやる気を引き出す自信がある」(『自分を変える読書術』SB新書、二〇一五年、五二ページ)と断言している。もし、教える立場になった際には、勉強の必要性や将来性などをストーリー仕立てで惹きつける、とも堀氏は述べている。

幾多の試練を乗り越え、最善な解決策を模索し続けた堀氏をして、勉強は「楽しませること」と結論づけているのだ。子どもがもっている欲求に刺激を与えるだけで自ら学ぶようになる、ということだろう。

好奇心を喚起された子どもがある学問に没頭すれば、成績が向上する可能性は高まると予想される。もちろん、偏った分野にだけ力を注いだり、非効率的な勉強法に陥ったりしたら学校の成績は上がらないだろう。しかし、「学ぶことは面白くて楽しいこと」という経験をした子どもが、合理的配慮によって成長していく、そんな事実を筆者は実感したことがある。教師八年目に受け持ったGさんがその典型である。保護者との連携を踏まえて紹介していこう。

Ｇさんは友達関係を気にしない、独特の雰囲気をもった子どもであった。幼児期から一人で遊ぶことを好み、小学校に入学後も、休み時間には一人で本を読んでは工作を楽しみ、絵を描くといったことが好きだった。家庭訪問の際に保護者に尋ねたところ、「休日には一二時間くらい本を読むこともある」と言っていた。

そんなＧさん、成績がよかったのかというと、偏差値（当時）は五〇前後であった。つまり、読書量に比例して成績がよかったわけではなかった。保護者は中高一貫の学校を志望しており、本人の想いも同じであった。しかし、学問の世界に浸ることはあっても肝心の成績はおぼつかない。そこで、家庭学習の様子や学習塾で行われているテストの結果を保護者に尋ねてみた。

家庭では「生き物図鑑」に興味をもち、掲載されている写真を模写することもあったという。生き物の知識は膨大であり、その博識ぶりには驚くほどであった。しかし、業者が行うテスト（理科）の結果はよくなかった。理由は明らかである。自分の好きなことだけを学んでいたからだ。受験の世界で重要な要素の一つである「傾向と対策」をまったく行っていなかったのだ。

結論から述べると、Ｇさんは志望校に進学している。では、いかにして成績は上がったのだろうか。冒頭の「②いま、一番知りたい知識がある本」を思い出していただきたい。Ｇさんは「理科」への関心が異常なほど高かった。しかし、偏った知識しかもちあわせていなかったために成績は芳しくなかった。そこで、理科の授業後に「もっと川について知りたいことはない？」と尋ねてみた。すると、「下流の石がどうして丸くなるのかについて詳しく知りたい」と返してきた。

川に関する本は図書室にもある。そこで、関連する本を紹介した。教科書には掲載されていない知識が豊富にあったためか、Ｇさんの川への関心が一気に高まった。もちろん、このままでも好奇心は満たされただろう。また、近所の図書館にはより詳細な川に関する本があるだろうから、そのような本をＧさんが借りることも予想された。

しかし、本人と保護者の願いは、好奇心を満たすだけではなく「成績の向上」であった。そこで、教科書の知識に関連した本を紹介することにした。

図書室にあった本は教科書の知識以外のエピソードが満載であったが、知識が分散してしまうという可能性があった。そのため、教科書の知識に近く、さらにＧさんの好奇心を満

たす本を探した。幸い勤務校には司書がいたため、この要望を伝えたところ「好奇心も知識も満たす本」が見つかったのだ。

受験向きの知識がたくさん掲載され、さらに好奇心まで同時に満たすという本は見つかるものだ。こうした実例を保護者に紹介すると、Ｇさんの要望を満たしつつ、成績の向上にもつながる本を借りて読むようになった。その結果、週末には受験の成果に直結するような参考書も積極的に読みはじめたという。言うまでもなく、成績も徐々に上がりはじめ、親子の願いは成就したわけである。

好奇心のまま本を読んでもいい、と筆者は考えている。しかし、読書の面白さや楽しさには麻薬的な力が潜んでいる。その典型が、二〇〇〇年以上前にプラトン（三六ページ参照）が提示した「ドクサ」である。ドクサとは、「一段下の感覚による知識」という意味だ。また、「根拠のない主観的な信念では結果が残せない」という意味でもある。

学校教育では、学力も重要となる。Ｇさんのように、受験において結果を求めるという事例も当然あるだろう。このような実情を鑑みると、ドクサから脱するための読書も必要であるとＧさんとの縁で知ることができた。

読む前に「本を手に取らせる方法」――表紙の魅力

子ども向けの本は、平積み（表紙が見える状態）だと目立つ。とくに絵本は、「絵」がメインとなるためか、表紙の鮮やかさは見事としか言いようがない。本によっては、もっともインパクトのある場面を切り取って、それを表紙として採用している絵本もある。表紙の魅力に琴線が触れ、思わず手に取ってしまうこともあるだろう。ここでは、「③表紙に惹かれた本」について考えていきたい。

あるベストセラー作家が、「本は見てもらえないかぎり買ってもらえない。手に取ってもらったあと、初めて商品力が効いてくる。本の最大の難点は、読まないと品質が分からないということだ」と主張している。こうしたことを前提にして、絵本はつくられることが多いのだろう。

書店の「絵本コーナー」は華やかである。本だけではなく、

紀伊國屋書店新宿本店の絵本コーナー

本棚の周辺にはポスターや看板、書店員が制作したポップ（本の内容を紹介した文章など）が読者を迎えてくれる。棚差し（背表紙のみが見える置き方）では、「タイトル」がインパクトを担当する。また、ジャンルによっては「著者名」がブランドとしての役割をもつこともあるだろう（ビジネス書の場合は顕著である）。

このように、本文を読む前から本を手に取るかどうかの「駆け引き」がはじまっている。当然、図書室でも「読む前の環境」が与える効果は計り知れない。学校によっては、司書や保護者が協力して図書室の環境整備をし、読ませる工夫を凝らしているところもある。

筆者がこれまでに見た最高の環境は、関東圏のある中学校であった。新刊は平積みされており、シリーズものは一巻と二巻がそれぞれ一〇冊ほどあった。たしかに、シリーズものは途中から読むには抵抗がある。人気の本でも、基礎知識のない状態で「五巻から読もう」とはならない。そこで、この学校は一・二巻を多めに購入して、シリーズものに巻きこむという配慮をしていた。

実際、「一巻」が一冊だけの場合と比べると、三巻や四巻など「途中の巻の貸出率」に差がつくと、その学校の図書担当者（司書ではなかった）が言っていた。

初任校で「図書担当」になって以来、筆者は一〇〇校を超える学校を訪れるたびに図書室を覗いてきた。振り返ってみると、教師一年目で「図書室の環境」に対する意識が高まったことは幸運であった。全国各地へ出張に行く際、本来の目的である授業や講座だけではなく、図書室へのアンテナが張れたことは財産となっている。

これまでの勤務校では、積極的に図書担当に立候補し、保護者と連携をしながら購入する本の選別や環境づくりに携わってきた。環境一つで貸し出しに影響が出るというのは、現場において体感してきたことである。「シリーズものは一巻を多めに購入する」という配慮がその典型である。

人気があるから、という理由だけで即座に購入するという図書担当者もいる。子どもたちのためを思えば悪くはないだろうが、流行《はや》りだけを追うとバランスが崩れる場合がある。「名著」と呼ばれる本が埃を被ることになるからだ。売れ筋の本や流行の本だけではなく、名著や古典などをいかに読んでもらうか、これが極めて重要な留意点となる。

出版社は売上のために表紙に工夫を凝らしていることだろう。全国の書店では、夏休み前に「夏の一〇〇冊」といったイベントを行うことがあるが、その際に夏目漱石や太宰治の本の表紙を人気漫画

家に描かせたところ、一気に売上が伸びたという事例もある。

学校の図書室ではここまではできない。しかし、図書室の環境を整えて、シリーズものの購入を工夫することによって貸出率を伸ばすことはできるだろう。また、学校によっては「読書マラソン」といって、スタンプラリーのような形で貸し出し数を視覚化しているところもある。その際、ある冊数まで借りたら、図書担当の子どもが作成した「しおり」を贈呈して達成感をもってもらうという工夫を凝らしている。

こうした取り組みを進める際、子どもたちが選書するときにひと役買うことになる「表紙の力」は侮れない。図書の時間や休み時間には、一気に子どもたちが集まるため、選書に時間をかけることができないからだ。となると、表紙の横に備える「ポップで内容が分かる」といった工夫も合理的な配慮となるかもしれない。

体育会系の子どもに向いていた「読解力の養成法」があった

本棚の前の立つと、なぜか惹かれる本がある――そんな感覚を覚えたことはないだろうか。「①いま、一番読みたい本」や「②いま、一番知りたい知識がある本」と似ている感覚だが、何となく別のものである。大まかな言い方をすると、「直感で選びたくなる」という本だ。

仮に、図書室で「好きな本を選びなさい」と、「①いま、一番読みたい本」に似たことを子どもたちに言ったとする。しかし、「好き」というのは千差万別。なかには軸の定まっていない子どもがいて、「好き」と言われても選べないことがある。

さらに、「授業で学んだことのなかから、もっと知りたいことを本から探してごらん」と「②いま、一番知りたい知識がある本」に近い提示をしたとする。しかし、授業に興味がなければ、その子どもは知識欲が皆無のために本が選べない。そもそも、勉強が苦手な子どもにとって、「学習を深める」という行為は苦行でしかないだろう。そこに登場するのが「④気持ちが求める本」である。教え子であったDさんの紹介をしよう。

Dさんの父親は、あるスポーツのプロ選手であった。地元でジムを開き、地域の子どもたちを中心に教えていた。Dさんも例に漏れず、父親から基礎や基本をみっちりと教えこまれて小学校を卒業し、中学生になった。出会ったときには、一二歳とは思えない筋肉質であり、身長も一七〇センチを超えていた。

Dさんは、幼いころから鍛えられた身体を活かして運動会では大活躍。部活には所属していなかったが、各大会で表彰され、将来を期待されていた。そんなDさんには、ある大きな欠点があった。それは学力である。

「人間は身体が資本」という父親の教育思想のもとで身体の鍛錬はしていたが、頭を鍛えるという経験がなかった。基礎学力といえば悲惨なもので、中学一年生にして九九《99》（とくに、七の段と九の段）が怪しかったし、漢字についても初等教育の知識量は三割ほどであった。

こうした学力の欠陥が、Ｄさんに劣等感を植え付けさせてしまったようだ。「スポーツができれば問題ない」という父親の考えとは裏腹に、「学力がない」という負い目を感じていたのである。

子どものなかには、学力面での負い目を運動で払拭するという例もある。しかし、そうでない子どももいる。実際、Ｄさんは雑談のあい間に、「やっぱり、スポーツバカはだめですよね……」と悩んでいた。そこで、本をすすめることにした。しかし、ここで気をつけないといけないことがある。それは「勉強と思わせないこと」だ。

そもそも読書は娯楽の一種である、と先に述べた。履歴書の趣味の欄に「読書」と書く人がかつてはたくさんいた。文芸作品であればストーリーが楽しめるし、ノンフィクションでは、事実に基づいた知識を得ることで知的好奇心が満たされる。しかし、娯楽の種類が増えたことで読書以外の選択肢を書く人が増加しているのも事実である。

Ｄさんも、スマホがきっかけで動画にハマっていた。こうした子どもを本の世界に誘うというのは容易ではない。とはいえ学校、つまりスマホが使用できない時間帯に好奇心を喚起する本をすすめられれば効果は期待できる。難解な本ではなく、実態に即した選書が大人の役割となる。

Dさんには、スポーツ関連の本をすすめた。オリンピック選手や世界記録をつくった選手、さらにDさんが打ちこんでいる競技で大成した人に関する本である。それも、中学生向きではなく小学生レベルの本を渡した。

個人的にすすめる場合は、周りの視線が遮断できる。また、「小学生向き？」という抵抗感を抱かせないため、事前に策を練っていた。まず、「Dさんがレベルの低い本を読んでいる」という周囲（主に父親）の小言をシャットアウトした。また、「面白い本がある」と、その本のダイジェストやおすすめのページを指定して、最初の難関である「本を開くというハードル」を突破するためのパワーを本人に吹きこんだ。このような過程を経て、何とか「本を読む」という状態をつくり出すことができた。

Dさんのような体育会系の子どもは、「目に見える状態」が成果につながりやすい。読んだ本をカードに書かせ、「もう八冊目？」とか、読んだ本を積み重ねて「こんなに読んだ

んだ、凄いじゃない！」と視覚的な成果を褒めたたえることで「俺でも読めるんだ」という自信をもたせた。

こうなると、「④気持ちが求める本」は自然と決まってくる。Dさんにとっては、言うまでもなくスポーツ関連の本であった。と同時に、課題も浮き彫りになった。それは読解力である。「本を読むだけでは読解力がつかない」という事実が毅然とあった。

「読解力のある人は読書家」、これは事実である。一方、「読解力がある人がたまたま読書家であった」という事実もある。つまり、「読書家であっても読解力がない」という状態があるのだ。Dさんの場合、ある期間は「読書家」の状態になったが、必ずしも読解力はつかなかった。しかし、八か月後、驚異の読解力を身につけることができた。以下で紹介しよう。

Dさんの読解力が向上した要因は三つあった、と筆者は考える。それは「論理力」、「レトリック」、そして「語彙力」の養成である。

まず、ある参考書を紹介した。その本で「論理」と「レトリック」を重点的に学習してもらった。主に文章の順序である「論理」、比喩や暗喩などの「レトリック」の養成を図ると、徐々に「読み方」が変容していった。

「語彙力」の養成では、現代文に特化した語彙が三〇〇語ほど収録されている本をすすめた。英語の場合、英単語の意味を覚えていなければ英文の和訳はできない。実は、「読解力の盲点」の一つに、日本語の語彙力不足がある。英文と同じく、日本語で書かれた現代文でも語彙力は必須なのだ。とくに評論文の場合、難解な語彙が頻出することがある。たとえば「理念」や「観念」、「弁証法」など、抽象的な語彙を知らなければ意味を理解しながら読み進めることができない。

そこでDさんに、「英文と同じで、現代文でも一定の語彙を覚えていないと読解力は身につかない」と教えた。同時に語彙を覚えさせて文章を読んでもらうと、「難しい言葉を知っていると、難しい文章でも読むことができるようになった」と実感していた。

この積み重ねに耐えうるDさんのスポーツ歴、つまり「反復学習への忍耐力」が読解力の向上に直結したと言える。「積み重ねで上達できる」という信念をスポーツで培っていたDさんには、語学力（ここでは日本語の読解力）を向上させるだけの強靭な土台があったのだ。

この読解力の指導、実は家庭教師時代の実践である。当時、三人ほど掛け持ちしており、Dさ

んと同じようにほかの生徒も指導していた。しかし、わずか八か月で読解力が激変したのはDさんだけであった。

この事実、体育会系特有の「上達したい」とか「練習（学習）次第で成果は出せる」といった好奇心、そして前述したとおり、Dさん独自のスポーツで得た体験（忍耐力）が関与していたと筆者は考えている。

「タイトルだけ」で、日の目を見ない本を発掘させる

書店の本棚の前に立って、タイトルに触れるだけで心が揺れる、といったような体験はないだろうか。たとえば、絵本や児童書などを購入する際にはタイトルが決め手となるが、その「著者」を気にすることはあまりない。

『オズの魔法使い』や『ぐりとぐら』の作者をご存じだろうか。また、「ハリーポッターシリーズ」の作者は誰かと問われた場合、すぐに答えられるだろうか。いずれも大ベストセラーである。要するに、絵本や児童書を買う場合、「著者の名前で買う」という人はあまりいない、となるのではないだろうか（少なくとも、筆者の周りにはいない）。つまり、著者名よりもタイトルが重要であるということだ。

また、タイトルが内容を要約している場合もある。『100万回いきたねこ』(佐野洋子、講談社、一九七七年)や『いないいないばあ』(松谷みよ子、童心社、一九六七年)などは、タイトルだけで何となく内容が想像できるように思える。

ここでは、もう一歩進んで「深い世界」を紹介しよう。

お尋ねするが、『川は生きている』(富山和子、講談社青い鳥文庫、二〇一二年)という本をご存じだろうか。この本、タイトルだけで内容を想像するのが難しい。「川が生きている? 水が動く様子から、そんなタイトルになったのだろうか」と考えるかもしれない。子どもたちに紹介しても、「何かつまらなそう」とか「タイトルが意味不明」と批判派が多数を占めた。ということは、タイトルだけでこの本を選ぶ子どもたちは少ないと推測される。

タイトルだけで選書する場合、課題が生まれる。というのも、『川は生きている』は、日本人と水との深い関係を考えさせてくれるし、「自然と人間とのかかわり方」を教えてくれる良書であるからだ。表紙に触れただけで「難しそう」とか「却下」など、否定的な決断を下してしまうにはもったいない本である。

本のタイトルは、著者や編集者などが熟考に熟考を重ねて決められる場合が多い。『川は生きている』もその例に漏れず、本文とマッチさせつつ「読んでもらいたい」という想いでタイトルを決定したと予想される。

しかし、現場での反応、とくに子どもたちの感想となると正直なものだ。大人が「面白くてためになる」と考えても、子どもたちが「つまらない」と感知すると手に取ってもらえない。「本」という存在（機能）は、手に取ってもらって初めて起動する。著者や出版社が「読んで欲しい」と熱くて強い使命感をもってタイトルを考えても、受け手の反応が弱ければ「無」と同じとなる（一六〇ページ参照）。となると、「読者」になってもらうためには大人の支援が必要となる。手に取ってもらうための「言葉かけ」がいるのだ。それも、興味や関心をもってもらうために好奇心を揺さぶるという配慮が必要になる。

『川は生きている』はノンフィクションである。小学生にとっては、容易な内容ではない。よって、身近に感じてもらうためには、どうしても「大人の言葉かけ」が求められる。たとえば、「蛇口をひねったら出てくる水はどこから来るのでしょうか」と問うと、子どもたちの反応が変わる場合がある。子どもは「身近な疑問」を好物としているからだ。畳みかけて、「人間は、山や海とどのようにかかわってきたでしょうか？　また、近代文明が人間にもたらしたものは何ですか？　実は……」などと、学年に合わせたり、授業の進度に沿ったりすれば好奇心を喚起される子どもが必ず出てくる。

とくにノンフィクションは「現実との対話」となる。本を通して知識の吸収ができれば、自分なりに社会の構造を把握することも可能になる。また、授業では知り得なかった情報に触れることで好奇心が広がっていくものだ。これは、自力で言葉（または情報）を見つけ、自由自在に操作している証拠でもある。まさに、真の意味での「アクティブ・ラーニング」と言える。

どのような学問でも、基本的な作業は「言葉から現実を想像し、法則や原則、または真理などを導くこと」だと筆者は考えている。「AI」が叫ばれている現在、「人間にとって知的な活動とは何か」を見直す際にもっとも重要な作業と言えるだろう。また、こうした読書のできる人こそが「頭のいい人」と言えるのではないだろうか。

言うまでもなく、その際の最高のテキストとなるのが「本」である。脳の機能が柔軟で吸収力が抜群にあり、さらに好奇心が旺盛な小学生のときから「言葉の多様性に触れさせたい」と筆者は考えている。

不 人気な理論でも強力な説得力をもった事例

「学問の世界」には、残念な調査結果が稀にある。本書をお読みのみなさんは、「教育への関心が高い」と予想されるが、世の中には多様な研究があり、そのなかには極論や偏見まみれの研究結果もあるのだ。

なかでも、在野の心理学研究者であるジュディス・リッチ・ハリス（Judith Rich Harris, 1938〜2018）は、誰もが身近に知っていて気づかなかった「コロンブスの卵」のような疑問をもち、ある偏った主張に至った。その研究結果こそ、「子どもの成長に子育ては関係ない」という主張（極論）である（『子育ての大誤解』石田理恵訳、早川書房、二〇〇〇年を参照）。

標準的な発達心理学では、知能や性格の違いの約五〇パーセントは「遺伝」によるものであり、残りの五〇パーセントは「環境」の作用だと考えられている（『残酷な世界で生き残るたったひとつの方法』橘玲、幻冬舎、二〇一〇年、四〇ページを参照）。

ここで言う「環境」とは、言うまでもなく「親の育て方」であろう。ところが、前述した「子どもの成長に親は関係ない」という主張から、「子育て神話」に科学的な再検証が迫られている。たとえば、移民の子どもたちがアメリカにやって来た場合を想定する。仮に親がほとんど英語を話さずに母国語で話しかけ、さらに家庭の宗教や文化的な雰囲気をかもしだしたとしても、子どもは英語を話せるようになる。それも流暢に話し、親が先祖から受け継いだ宗教や文化が遮断されることとさえある。

似たような現象は、聾者の両親をもつ子どもでも明確になる。聾者の子どもは、親から口頭で言葉を教えられることはない。しかし、ほかの子どもと同じように言葉を覚えていく。こうしたさまざまな事象から、ハリスは前述した極めて独創的で説得力のある仮説を提唱したわけである。

この仮説が説得力をもつ理由の一つとして「遺伝のプログラム」がある。人は（チンパンジーも）生まれたときから、年齢の近い子どもの集団に同化することで性格を形成するよう遺伝的にプログラムされているため、親や大人たちではなく、子ども自身が所属する集団の言語や文化を身につけていく（前掲『子育ての大誤解』を参照）。

つまり、子どもの性格の半分は遺伝であり、残りの半分は家庭とは無関係な子ども同士の社会関係によってつくられるという仮説は極めて強い説得力をもつ。

この仮説によると、同世代、つまり友達の影響は甚大である。読書においても、友達が何を読み、どのような思想をもっているのかは、性格（パーソナリティー）の形成上、極めて重要な意味をもつことになる。

もちろん、ハリスの理論が完璧に正しいとは言えない。「親の愛情が子どもの成長にほとんど関係がない」という考え方は「不道徳的」であり、また「暴論」でもあるため、人気がないという。それでも、一部の支持を得たことで世間に知られることになった。

「何を読むのか」は、ハリスの唱える「集団社会化論」における選書の視点で考えると、友達関係が重大であるという思想は見逃せない。実際、教育現場でもハリスの思想を実感することがたびたびあった。人気のある子どもが読んでいる本に対して、「読み終わったら貸して」という言葉を何度も聞いてきたのだ。また、友達同士で貸し借りをするといった場面も頻繁に見てきた。「類は友を呼ぶ」ではないが、雰囲気で通じ合う友達関係においては、このような感覚を見過ごすことはできない。とはいえ、偏ってしまうということもあるだろう。そこで、大人の関与が賢明であると考える。

ある子どもに歴史の本をすすめたことがあった。すると、その友達関係において「歴史ブーム」が起こった。「次は世界史を読もう」とか「日本史の近現代は最高」といった会話があったのだ。こうなると、クラスに歴史のオーラが漂いだすというのは想像がつくだろう。家から歴史の本を持ち込む子どもまでが現れ、まさに「歴史ブーム」となった。

その一方で、「西村京太郎ブーム」が起こったこともあった。一部のヤンチャな子どもたちの間で推理小説が話題となり、古本屋で買いあさっては読み合うという出来事があった。

読書一つを取り上げても、「ハリスの主張」は極めて甚大な吸引力をもっていた。と同時に、「⑥友達がすすめてくれた本」の影響力は大きいと現場で実感した。

「憧れ」は、読書へと導く最良の方法である

いきなりで恐縮だが、筆者は「書評」に影響されやすい。言うまでもなく、「書評」とは本を批評することである。書評家だけではなく、大学教授や政治家、または芸能人も書評を行っているようだ。著名な人物が評した本には独自の視点があり、書評を読むだけでも「目新しさ」や「納得感」などが得られる。仮に生物学や茶道などに興味がなかった場合でも、書評一つでその世界に入りこめるため、書店に行くとその本が目につき、そのままレジに向かうという人がいるかもしれない。

遺伝子学の権威であった筑波大学名誉教授の村上和雄（一九三六〜二〇二一）は、著書のなかで「刺激によって遺伝子のスイッチがオンになる」と頻繁に書いている（『遺伝子オンで生きる』サンマーク出版、二〇〇四年などを参照）。よいことや不幸な出来事など、人生において心が揺れる瞬間に遺伝子のスイッチが入り、その刺激で行動に移る、と村上は主張している。

書評も刺激の一つとなる。極端な話、前日まで興味がなかった分野でも、自身が関心を寄せる人物の書評一つで刺激を受けることがあるのだ。つまり、遺伝子スイッチがオンになった状態と似ている。実際、筆者も「本を買って読む」という行動へと移ったことがある。これは「何を言

っているのか」より「誰が言ったのか」が重要であるという原理に近い。とくに憧れの人物が紹介した本に興味が湧くというのは自然な流れである。

読書指導においても「⑦憧れの人がすすめた本」は力を発揮する。「この本は、大リーガーの大谷翔平選手が影響を受けた本です」と紹介すれば、野球をしている子どもたちであれば注目することはまちがいないだろう。また、子どもが相手ではないが、ビジネス書コーナーで「高校時代に大谷翔平が読みこんだ本」として『運命を拓く』（中村天風、講談社、一九九四年）が紹介されて話題になったことがある。結果を出した人物が読んだ本は、野球に興味がない人でも気になるという証明である。

読書指導において、教室や図書室で子どもに本を紹介する場合、本自体よりも「誰が読んだのか」が極めて重要となる。大人が「読んでほしい」と思った本を強引にすすめた場合、真面目な子どもは読むかもしれないが、関心の薄い分野を読み切るのは難しいだろう。

一方、憧れの人物が読んだ本となると俄然刺激が強くなる。そもそも「憧れ」という言葉には強烈なエネルギーが含まれているからだ。哲学者のニーチェ（二四ページ参照）が「憧れに憧れる」という概念を提示しているが、これは「憧れの人物が関心をもったことに憧れる」という意味である。気になる人物と対峙しただけで、遺伝子のスイッチがオンになるといったようなイメージだろう。

そこに細かな理由はいらない。「憧れの人」という刺激自体がモチベーションを高める働きをしているのである。すると、関心をもっていなかった本でも、「憧れ」というエネルギーが読破へと導く場合があるということだ。

筆者が大学生のころ、「憧れのパワー」を教育実習で経験したことがあった。当時、ベテラン教師が多く、最年少だった筆者は、「若い」というだけでヤンチャな子どもを中心にして注目された。体育の時間、一番足の速い男の子と五〇メートル走で勝負し、圧倒的な勝利を収めた際には学校中の人気者になった（小中学生の場合、「足が速い」というだけで人気者になれる場合が多い）。このとき、ヤンチャな男子を味方につければ、斜に構えている高学年の女子も巻きこめると知った。また、得意のイラストを黒板にサラッと描いたときには、文化系のおとなしい子どもにまで一目置かれるようになった。

そんなある日、朝の読書時間に子どもたちと一緒に本を読んでいた。すると、そのときに読んでいた本が図書室から忽然と消えた。「あの先生が読んでいた」、ただそれだけの理由で話題になったのだ。

稚拙な話になるが、このような状況を利用して実習担当の教師から依頼を受けたことがあった。これは、「子どもたちに読んでほしい本を読書の時間に紹介してほしい」というものだった。このとき、三〇冊ほどの本を紹介した。案の定、その日の休み時間に紹介した本はすべて「貸し出中」となった。

子どもたちのエネルギーには凄まじいものがある。「教師は最大の教育環境」とはよく言われるが、まさにそのとおりであった（当時は学生の身であったが）。

教師自身が子どもたち全員から「憧れ」を抱かれるというのは容易なことではない。たとえば、ある教師が運動を得意にしている場合でも、年とともに衰えていくというのは自然の摂理である。絵や音楽が得意であっても、運動好きな子どもが文化系に興味をもつとはかぎらない。そこで、冒頭の「書評」が切り札になると筆者は考えている。

書評をする人物は、さまざまなジャンルから選ぶことがポイントとなる。口頭で紹介するだけではなく、新聞記事があればそれを教室に掲示する。また、図書室に本があれば、実物を見せる。さらに、シリーズものの場合、先に述べたように、「第一巻」を多めに発注できれば数多くの子どもたちを

巻きこむことが可能となる（一六一ページ参照）。

いずれにせよ、子どもたちの遺伝子スイッチを「オン」にできる可能性が高い「憧れ」の状態は、読書に導く最良の方法であると筆者は確信している。

新聞の「記事」から「薄い本」、そして「大作」を読破したという実話

『この本は一〇〇万部売れる』（井狩春男、光文社、二〇〇二年）という稀有な本がある。作家や出版社にとっては、「売れる」という言葉には興味がそそられることだろう。本書では、「売れた本の特徴」や「いかにして本を売ればいいのか」などについて紹介されている。しかし、出版されたのが二〇〇二年、まだ本が売れていた時代のことである。SNSが全盛の現在とは時代が違うとはいえ、参考になるところが多々あった。

そのなかに、「読書を習慣にしていない人」をターゲットにした方法があった。それが「薄い本」である。これは、「⑧読みやすい本」にも通じていると筆者は考える。

日ごろ、読書をしない人が分厚い本に抵抗感をもつというのは想像がつく。いくら「一〇〇万部突破！」と宣伝されていても、レジへと直行することを躊躇う人はいるだろう。「読めるのか？」とか「読破できるわけがない！」いう不安感が湧きあがってくるからだ。

勤務校でも「ハリーポッター・シリーズ」は人気があったが、読破できるのは「読書の習慣がある子ども」だけであった。いくら面白くても、読書という習慣のない子どもが大部の本を手に取ることはない。この事実は、子どもたちを目の前にすれば実感できる。こうした苦境下において、「薄い本」というのは強い。言うまでもなく、読みやすい場合が多いからだ。

子どもにかぎらず、大人でも読書の習慣がなければ分厚い本には拒絶感を抱く場合があるだろう。そこで登場するのが「薄い本」となる。『チーズはどこへ消えた？』（スペンサー ジョンソン／門田美鈴訳、扶桑社、二〇〇〇年、全二巻）や『葉っぱのフレディ——いのちの旅』（レオ・バスカーリオ／みらいなな訳、童話屋、一九九八年）など、過去に売れた本はいずれも薄い。『いつでも会える』（菊田まりこ、学研プラス、一九九八年）も薄く、立ち読みでも読破できるほどだ。それでも買ってしまう。これは「再読したい」という欲望があるからだろう。

「貸し出し」に絞ると、学校では図書室、学校外では公共の図書館となる。その際、読書の習慣のない子どもたちにはまず「薄い本」からすすめて、挫折を未然に防ぐという配慮が必要となる。

前述した「憧れ」を利用しても、紹介した本が異常に厚いと視覚的に圧倒されるだろう。そもそも、読書の習慣がない人は本に興味がないのだ。国語科の時間に辞典を利用することさえできない。また、授業で嫌々ながら辞典を引く子どもたちにとっては、「厚い本」に抵抗をもつというのは自然なことである。一方、薄い本は読書というハードルをグンと下げる役割を果たす。

売れ筋となっている「薄い本」には面白いという場合が多い。短時間で読破できるため、「一冊、読み切ることができた」という自信にもつながる。この自信は想像以上に大きい！

一六三ページでも紹介したが、学校によっては「読書マラソン」というカードを作成しているところがある。借りた本のタイトルを書き残し、何冊読んだかを記録するものである。「今週は一五冊も読むことができた」と確認できれば自信ともなる。薄い絵本でも厚い児童書でも、一冊は一冊だ。「量をこなす」という自信は厚い本への挑戦欲にもつながる。薄い本から分厚い本へと挑戦し、成功したという例を紹介しよう。

教師六年目に出会ったDさんは、読書の習慣がなかった子どもの代表であった。保護者からは、「幼少期から読み聞かせにまったく関心を示さず、空想にふけることが多かった」と聞いた。そんなDさんは『かいけつゾロリ』（原ゆたか、ポプラ社、一九八七年～）のシリーズですら「厚い！」と拒絶するほどであった。アニメで大枠を知り、関心をもっていても本は読まない。そこで、「読みやすさ」を優先した薄い本を紹介することにした。

まず、絵本である。しかし、それでも数ページで挫折した。試行錯誤を重ね、次は本ではなく新聞にした。新聞といっても一般紙ではない。子ども新聞の、本の内容を面白く紹介していた記事である。そのなかから、イラスト入りの記事を切り抜いて紹介したところ、「これ、面白そう」と言った。

その直後に記事に関連した本を渡すと、何とか読みはじめた。もちろん、薄い絵本である。たった一冊の薄い絵本。一週間かけて読破したDさんは自信をもった。幸いシリーズものであったため、続きの本を紹介したところ続々と読破していった。そして、その本を棚に並べて視覚的に自信がもてるようにした。カードに書かせるだけでなく、「ドン！」と積読状態にしたのである。すると、「厚い本でも読めそうだ」と言ってきたので、再び『かいけつゾロリ』のシリーズを渡したところ一日で読み切ってしまった。

記事を読んだのが五月の連休前である。そこから読破を続け、冬休みを終えた一月には大作である『モモ』まで読み切っていた。スモールステップの重要性をDさんが教えてくれた。

「選書」物語――テレビ番組の制作者に心を鷲づかみにされた話

読書は「好奇心」からはじまるのかもしれない。「本自体が好きだ」とか「読む価値があるから」でもない。「その本に興味がもてるのか」、まずはここから出発すると考えられる。

『理想的本箱　君だけのブックガイド』（NHKEテレ、土曜日、午後九時放送、二〇二二年一二月終了）という番組があった。あるテーマに沿って書評家が選書するという番組だった。

ある日のテーマとして、「人にやさしくなりたい時に読む本」（二〇二二年一一月五日放送）という回があった。選ばれた本は『サードキッチン』（白尾悠、河出書房新書、二〇二二年）、『手の倫理』（伊藤亜紗、講談社選書メチエ、二〇二〇年）、『えーえんとくちから』（笹井宏之、ちくま文庫、二〇一九年）の三冊。いずれの本も「映像の帯」というフレーズで解説がはじまる。これが実に面白い。アニメーションやドラマ仕立てで「本のあらすじ」が映像化されるため、自然と興味が湧いてくるのだ。

なかでも、『手の倫理』は哲学的な内容であるため難解なイメージがあったが、解説が入ったことで理解の助けとなった。また、映像が流れたあとにはナビゲーターと書評家のやり取りといった補足説明があったため、理解がより一層深まっていく。気がつくと、ネットでこの本を購入していた。

番組はわずか三〇分。しかし、琴線に触れる頻度が極めて高かった。知らず知らずのうちに本の世界に引きこまれ、好奇心のスイッチが何度も押されていた。このような現象、本自体の魅力ももちろん大きいのだろうが、本のエッセンスを視聴者に理解させるだけでなく、興味まで惹かせるといったNHKの番組制作者の編集力によるところが大きいと考える。

そもそも、テレビは凄い媒体である。ＮＨＫは「受信料」という名の料金が発生しているが、「ほとんど無料」という感覚で全国の老若男女が見ている。最近はモラルが厳しいため、番組制作においては内容に関する規制も多いことだろう。それでも、さまざまなコンプライアンスの網を潜り抜けながら視聴者の関心を惹くような番組を制作し、放送している。そのおかげで視聴者は、さまざまな媒体に対して関心をもつことができている。読書の世界に対しても、テレビの貢献度は大きいと言えるだろう。

筆者も、この番組を見ていなければ『手の倫理』という本に出合うこともなく、ましてや買うこともなかった。一生、「縁のない本」になっていた可能性もある。というのも、当時は「手」に対してまったく関心がなかったからだ。

しかし、番組を通して「手をさわる」（著者・放送や原本のママ）や「手にふれる」の違いを知った（詳細は本書に譲りたい）。違いを知り、好奇心が高まったことで購買意欲が湧き、まさに今、パソコンの横に『手の倫理』が置かれている。

実際に読んでみると、番組では紹介されていなかった興味深いコンテンツが山ほど記述されていた。そのどれもが面白く、そしてタメになる内容であったので驚いた次第である。もっと言えば、「私だったらこの項目を取り上げたのに」と、番組制作者の立場になって考えたぐらいである。番組を通して偶然に出合った本を深く読み進められたことに感謝である。

本との出合いは、意図的な場合もあれば、偶然といったときもある。番組で紹介された本は、言うまでもなく後者にあたる。前述したように、「偶然」がきっかけで出合った本は、もしかすると生涯にわたって読まない可能性が十分にある。それをふまえると、本との出合いは趣があり、旅をする場合にも似ている。

人生という旅でたまたま出合った文脈に触れ、そこから膨大な物語がはじまる。読むスタイルに関して言えば、読者はコントロールが可能なため、興味を失った瞬間に手放すこともできる。その一方で、エンターテインメントのスイッチが押された場合は、好奇心が喚起され、寝るのを忘れるほど深く読みこんでしまう。

教育という視点で考えると、「本の紹介」は責任が重大となる。そう考えると、何となく読ませ、強引に思いつきを書かせるといった読書感想文は地獄となろう（一二五ページ参照）。また、全員が同じ文章を読まされる教科書も、選書という視点からは責任が重いと言える。

しかし、法律上、教師は教科書を使って授業をしなければならない（一部の私立を除く）。この法律を無視した公立学校の教師三人が裁判で負けたことからも分かるように（福岡県立伝習館高等学校、一九七〇年六月）、教科書は授業において絶対的な存在となっている。

では、子どもたちが興味をもちそうにない内容の場合、教師はどうすればいいのだろうか。まず、教材研究の存在が挙げられる。

教師は授業の前に、「教材研究」（主に教科書の内容を調べたり、子どもたちに「何を問うか」などを考えたりすること）を行っている。その際、過去に実践された優れた授業を参考にすれば教師の負担は減る。それだけでなく、授業に対して子どもたちが興味や関心をもちやすくするという利点もある。なぜなら、こうした授業方法は、過去にうまくいった「教師の問いかけ（発問）」や「活動をさせる言葉かけ（指示）」などが明確になっている場合が多いからだ。

先人の知恵の結晶であり、授業の要諦が集結しているため、子どもたちの好奇心を喚起しやすいと筆者は実感している。要するに、「いかに興味をもたせるか」、この点に渾身の力を込める必要があるということだ。

ある教師は、教科書と対峙しながら授業の段取りを考えて

いる。また、ある教師は、成功実践を参考にしてうまく乗り切っている。授業を調理にたとえると、教科書という食材を教師という料理人がいかにさばけるかということだろう。どうやら、何事においても教師の「腕」にかかっていると言えそうだ。

「授業は最初の一五秒が勝負」と言い切る授業名人がいる。それほど、授業はイントロが重要であるということだ。先に紹介したＮＨＫの番組は、イントロ部分で視聴者をつかむ術《すべ》をもっていたと言える。

本の表紙に巻かれている「帯」には、キャッチコピーが書かれてある場合が多い。この帯を見るだけで購読を決断する人もいるだろう。ＮＨＫの番組は「映像の帯」として五分前後の紹介を行っていた。筆者は、この「映像の帯」でグッと心をつかまれ、購読することになったわけである。このような一連の流れを鑑みると、テキストを提供する側の責任の重さを再認識させられてしまった。と同時に、エンターテインメントに慣れきった子どもたちに興味をもたせる力が提示側（教師や保護者）に求められている、と確信した。

あとがき

「仕事と子育ての両立は大変だが、面白い」と筆者は実感している。本書で紹介した教育関係者（藤原正彦氏や藤原和博氏など）の多くが「子育ての期間は、最高の時間」、「子育てこそ、最高の娯楽」などと主張している。筆者は今、子育ての期間にあり、前述の主張に共感している。

もちろん、子育ては「最高の時間」や「娯楽」だけではない。時間や労力が費やされていると感じ、心身ともに疲労することもある。

現在、筆者は主に保育園や習い事の送り迎え、家事などを担っている。なかでも大変であり、同時に楽しいのが「寝かしつけ」だ。寝室では、本書で紹介した独自の「読み聞かせ」を行っている。

そのなかで、もっとも効果を発揮しているのが「語り」である。自然な「語り」、つまりエピソードトーク（枕）から本の話題に移行して「読み聞かせ」

（本題）をしたことで、娘たちに読書の習慣がついた。実はこの習慣、最近になって祖父の真似をしていたことに気づいた。

話は、三〇年ほど前にさかのぼる。小学生時代、長期休みには母の実家で過ごすことが多かった。そこで影響を受けたのが祖父の存在である。

養豚業を営んでいた祖父母。当時（一九九〇年代）、毎日三食分の餌を時間どおりにつくっては豚に与えていた。その作業を、両親や兄といっしょに筆者も手伝っていた。

ここで「気になったこと」と言えば、祖父の言動である。空いた時間、祖父は新聞や本を読むことが多かった。餌をつくっている隙間時間には、文庫本を片手に、線を引きながら読むといった姿がしばしば見られた。

ある日、「本の読み方」を決定するほどの出来事があった。活字中毒であり、無口でもあった祖父が豚の夕食をつくっている最中に、「これまでの人生で、三本の指に入るほどの面白い本がある」と宣言した直後、ある本を差し出した。それが『本を読む本』[1]であった。

祖父は宣言に続けて、こうも言った。

「これ（『本を読む本』）は、五〇年以上前（当時）に書かれた本とは思えない内容だ。そして、この先、五〇年経っても必ず残る本だ」

「必ず！」と強調した祖父の声は、現在でも耳に残っているほどのインパクトを残した。しかし、である。当時、小学生であった筆者が、読書論の古典と言える『本を読む本』を容易に理解することはできなかった。それでも、国語辞典を引きながら読み進めていったところ、不思議なことに、挫折することなく読み切れた（詳細は後述）。

難解な本と出合った場合、一般的には読むことをやめるだろう。「この本は面白くない」と言って、一定の距離を置くかもしれない。または手放すこともあるだろう。では、なぜ筆者は読むことをやめなかったのか。今、振り返って分かったことは「尊敬する祖父」という絶大な存在であった。「尊敬する」という状態は「憧れ」にも似ている。「憧れ」の感情が芽生えると、それを追い求めたくなるという心理は想像していただけるであろう。

子どものころを考えていただきたい。たとえば、七夕の時期に夢を書く際、「プロ野球選手になる」とか「パティシエになりたい」といった記述には、「職業への憧れ」という側面が大きかったはずである。実際、イチロー（鈴木

（1）M・J・アドラー、C・V・ドーレン／外山滋比古、槇末知子訳、日本ブルタニカ、一九七八年。手元にある文庫本の初版は一九九七年だが、原書の初版は一九四〇年である。

一朗）氏や本田圭佑氏などといった、一流のスポーツ選手は、卒業アルバムの文集に「憧れ」を書いており、見事に現実化させている。

筆者の場合は、身近に「強烈に憧れていた祖父」という存在があった。当時、寝る前の楽しみと言えば、「読み聞かせ」ではなく「祖父の語り」であった。「子どものころ……」と、祖父の幼少時代の話を聞く時間は至福であり、目がさえて、なかなか眠れなかったことを思い出す。

落語に関心があり、真似をしていた祖父の話術には魅力がいっぱい詰まっていた。好みの落語家を見よう見まねで独自に編集した祖父の語りには、「文化の香り」が漂っていたように思える。そんな落語に似た語りのなかで最高に面白かったのは、日常の話（枕）から「本の紹介」へと移り、その本にまつわるエピソード（本題）を聞くときであった。寝る前、急にスイッチが入って饒舌になる「祖父の語り」を今でも覚えている。たとえば、以下のような話があった。

八歳のころ、尊敬していた先生が授業中にロシア文学の魅力を声高に語ったことがあった。とくに『戦争と平和』については、一〇日間ほど語ってくれた。

トルストイの『戦争と平和』は、当時の時勢が影響し、近所の貸本屋になかった。ある日、近所の古本屋に行くと『戦争と平和』が全巻そろって売っていたため、親へ催促したが予想どおり買ってもらえなかった。

そこで図書館に行くと、なんと置いてあった。すぐに借り、薪を割って風呂を沸かしながら読み耽った。寝る前にも読み続け、気がつくと太陽の光が戸の隙間から入ってきていた。人生で初めて徹夜することになった。さらに翌日も徹夜になり、疲労のため熱を出して学校を休んだ。それでも横になりながら、五日間かけて読破した。それほど面白かった。

こんなエピソードであった。この話を聞いた翌日、祖父の本棚を眺めると『戦争と平和』の文庫版があり、すぐ手に取った。壮絶かつ興味をそそられる実話を聞いた直後、それに関連する本を読みたくなるのは当然であろう。

ちなみに、読んだ方はご存じのとおり、『戦争と平和』は一〇〇〇ページを超える大部の本である。さらに、登場人物はおよそ五五〇人と異常に多く、ストーリーは複雑に入り組んでいる。このような極めて難解な小説を、小学生が簡単に読みこなせるわけがない。

そこで、祖父が「あらすじ」を教えてくれた。それでも漢字が読めない。そのことを祖父に伝えると、一七日間にもわたって『戦争と平和』の「読み聞かせ」をしてくれた。もちろん、二週間余りで読破することはできなかった。時代や文化、またナポレオンのことなど、予備知識を解説してもらいながらの「読み聞かせ」になったからだ。とはいえ、毎晩、二三時を過ぎても目がさえるほど面白かった。

そんな充実した夏休みが終わる直前の朝、いきなり祖父が紹介してくれた本がある。それが前述した『本を読む本』であった。本書について熱く語ったあと、ポイントになるページの角に「ドックイヤー（犬の耳）」があった。本の角を折ると「犬の耳」に似ていることからこの名がついたドッグイヤー、これが一〇か箇所ほどあったのだ。

自宅に帰る直前、「冬休み、またここ（祖父母宅）に来るまでには読んでおきなさい。『戦争と平和』は、また読んで聞かせる。まずは、この本から読みなさい」と言われて、『本を読む本』を受け取った。

この本には「読書の要諦」がぎっしり詰まっていた。祖父が独断で判断したドッグイヤー。このポイントがあったおかげで、重要な箇所を把握することができた。さらに、「読書の本質」にも触れられた。しかし、そのあとに大きな「落し穴」が待っていた。

結論から述べると、『本を読む本』を読んだあと、しばらくの間（しかも一〇年以上）読み返さなかったのだ。「読み切った」という達成感から、ほかの本を乱読しはじめた。その結果、本書が警告していた「情報過多は理解の妨げになる」とか「情報の洪水の中でかえって物事の正しい姿が見えなくなる」といった状態（『本を読む本』一五ページを参照）に陥ってしまったのだ。

筆者自身、一二九ページにも書いたように、受験のときに怪しい本に触発されたり、速読の訓練をしたりと「読書の本質」を闇へと葬ってしまったことがある。残念なことに、祖父の想いを無下にしていたわけだ。

『本を読む本』の初版は一九四〇年。現在（二〇二三年）から八〇年以上前の本であり、書店にも置いてあるため、「読書論における古典」と言える。

ゲーテは「折に触れてモリエールを読む」と書いている（『ゲーテとの対話』を参照）。知性を衰えさせないために最高峰の知性を誇っていた劇作家のモリエール（Jean-Baptiste Poquelin, 1622～1673）に触れる。最高のものに触れ続ける重要性を二〇〇年以上も前にゲーテは教えてくれていた。しかし、筆者はそんな先人・偉人の教え（歴史）を無視して、自身の経験のみで生きていたわけである。

このような生活観に対して、ドイツの宰相であったビスマルクが「愚者の生き方」（二六ページを参照）と警笛を鳴らしている。こうした経緯を通しても、読書は尊いと断言できる。そして、教育や子育てのうえで「良書と呼ばれる古典を読み返す」という肝要さは、最優先されるべき要素であると言える。

本書は『本を読む本』を大黒柱に据えて書いてきた。しかし、本文中では一度も参照や引用をしなかった。参照の回数が過度になると予想されたからだ。あえて「切り札」としてとっておき、満を持して「あとがき」で最後のカードを切ることにした。

本書の源流は、祖父がすすめてくれた本にある。読書論の「古典」である『本を読む本』を手元に置きながら、拙著も何度か読んでいただけると幸いである。

最後になるが、前著に引き続き、癖のある企画について理解を示していただき、編集作業などでお世話になった新評論の武市一幸氏とイラスト作成においてアドバイスをいただいた藤井夫妻には御礼を申し上げたい。また、執筆の時間確保に配慮してくれた妻、パソコンに向かっているときには邪魔をしなかった六歳と八歳の娘二人にも感謝する。

何より、読者のみなさんが読書や子育ての際、本書が少しでも参考になれば幸甚の至りである。

二〇二三年三月吉日　次女の保育園からほど近いカフェにて

有馬心一朗

参考文献一覧

・アルベール・カミュ『ペスト』宮崎嶺雄訳、新潮文庫、一九六九年
・アンデシュ・ハンセン『スマホ脳』久山葉子訳、新潮選書、二〇二〇年
・井狩春男『この本は一〇〇万部売れる』光文社、二〇〇一年
・伊藤亜紗『手の倫理』講談社選書メチエ、二〇二〇年
・井上ひさし『ひょっこりひょうたん島（全一三巻）』ちくま文庫、一九九五年
・エッカーマン『ゲーテとの対話』山下肇訳、岩波文庫、一九六八年
・M・J・アドラー、C・V・ドーレン『本を読む本』外山滋比古、槇未知子訳、日本ブルタニカ、一九七八年
・加藤周一『読書術』ワニブックス、一九六七年
・菊田まりこ『いつでも会える』学研プラス、一九九八年
・曲亭馬琴『南総里見八犬伝（全一二巻）』白井喬二訳、河出文庫、二〇〇三年
・幸田露伴『五重塔』岩波文庫、一九九四年
・コナン・ドイル『シャーロック・ホームズの冒険』延原謙訳、新潮文庫、一九五三年
・笹井宏之『えーえんとくちから』ちくま文庫、二〇一九年
・佐野洋子『１００万回いきたねこ』講談社、一九七七年
・重松清『ナイフ』新潮文庫、一九九七年
・ショーペンハウエル『読書について』光文社古典新訳文庫、二〇一三年

・城山三郎、伊藤肇『サラリーマンの一生』角川文庫、一九八六年
・十返舎一九『東海道中膝栗毛（全二巻）』麻生磯次校注、岩波文庫、一九七三年
・ジュディス・リッチ・ハリス『子育ての大誤解』石田理恵訳、早川書房、二〇〇〇年
・スペンサー・ジョンソン『チーズはどこへ消えた？（全二巻）』門田美鈴訳、扶桑社、二〇〇〇年
・関正生『改訂第二版 大学入試 世界一わかりやすい英語の勉強法』KADOKAWA、二〇二二年
・曾先之《そうせんし》『十八史略』今西凱夫訳、三上英司編、ちくま学芸文庫、二〇一四年
・橘玲『残酷な世界で生き残るたったひとつの方法』幻冬舎、二〇一〇年
・立花隆『立花隆の書棚』中公新書、二〇一三年
・適菜収『バカを治す』フォレスト出版、二〇一〇年
・適菜収『遅読術』ベスト新書、二〇一九年
・出口汪《ひろし》『自分を変える！ ロジカル・シンキング入門』中経出版、二〇〇六年
・出口治明『本の「使い方」』KADOKAWA、二〇一四年
・外山滋比古『思考の整理術』筑摩書房、一九八六年
・外山滋比古『日本語の絶対語感』だいわ文庫、二〇一五年
・富山和子『川は生きている』講談社青い鳥文庫、二〇一二年
・豊田充、『「葬式ごっこ」八年目の証言』風雅書房、一九九四年
・トルストイ『戦争と平和（全四巻）』工藤精一郎訳、新潮文庫、二〇〇五年
・ドストエフスキー『カラマーゾフの兄弟（全三巻）』原卓也訳、一九七八年
・ドストエフスキー『罪と罰（全二巻）』工藤精一郎訳、新潮文庫、一九八七年

・中谷彰宏『大学時代しなければならない50のこと』ダイヤモンド社、一九九六年
・中谷彰宏『なぜ美術館に通う人は「気品」があるのか』水王舎、二〇二〇年
・中村天風『運命を拓く』講談社、一九九四年
・永松茂久『人は話し方が9割』すばる舎、二〇一九年
・夏目漱石『坊ちゃん』新潮文庫、二〇〇三年
・野中郁次郎『失敗の本質』中公文庫、一九九一年
・野中郁次郎ほか『野生の経営』KADOKAWA、二〇二二年
・原ゆたか『かいけつゾロリ』ポプラ社、一九八七年～
・樋口裕一『頭がいい人、悪い人の話し方』PHP新書、二〇〇四年
・福沢諭吉『学問のすゝめ』伊藤正雄校注、講談社学術文庫、二〇〇六年
・藤原和博『本を読む人だけが手にするもの』日本実業出版社、二〇一五年
・藤原正彦『祖国とは国語』新潮文庫、二〇〇三年
・藤美沖『友だち関係～自分と仲良く～』旺文社、二〇一五年
・ヘックマンほか／古草秀子訳、『幼児教育の経済学』東洋経済新報社、二〇一五年
・堀紘一『自分を変える読書術』SB新書、二〇一五年
・松谷みよ子『いないいないばあ』童心社、一九六七年
・三浦しをん『舟を編む』光文社文庫、二〇一五年
・ミゲル・デ・セルバンテス『ドン・キホーテ（全六巻）』牛島信明訳、岩波文庫、二〇〇一年
・椋鳩十『椋鳩十の本　第二十五巻　読書論――心に炎を』理論社、一九八三年

・椋鳩十『村々に読書の灯火を――椋鳩十の図書館論』理論社、一九九七年
・村上和雄『遺伝子オンで生きる』サンマーク出版、二〇〇四年
・茂木健一郎『脳が目覚める「教養」』日本実業出版社、二〇一九年
・リリアン・スミス『児童文学論』石井桃子ほか訳、岩波書店、一九六四年
・レオ・バスカーリオ『葉っぱのフレディー――いのちの旅』みらいなな訳、童話屋、一九九八年

マンガ作品
・青山剛昌『名探偵コナン』小学館、一九九四年発表
・井上雄彦『スラムダンク』集英社、一九九〇年発表
・吾峠呼世晴『鬼滅の刃』集英社、二〇一六年発表
・末次由紀『ちはやふる』講談社、二〇〇八年発表
・高橋陽一『キャプテン翼』集英社、一九八一年発表
・高森朝雄、ちばてつや作画『あしたのジョー』講談社、一九六八年発表
・藤子・F・不二雄『ドラえもん』小学館、一九六九年発表

辞典
『集英社国語辞典』集英社
『新明解国語辞典』三省堂
『日本国語大辞典』小学館

その他
・「日本経済新聞」二〇二二年一〇月一八日付夕刊
・『舟を編む』（映画）二〇一三年公開
・『鬼滅の刃』（映画）二〇二〇年公開
・『ちはらくご――ジュニアが知りたい噺家の世界』関西テレビ、二〇一六年一一月二七日放送
・「ＮＨＫスペシャル　見えた　何が　永遠が　立花隆、最後の旅」二〇二二年四月二二日放送
・『理想的本箱　君だけのブックガイド』ＮＨＫＥテレ、二〇二二年一一月五日
・『驚きももの木20世紀』テレビ朝日、一九九三年～一九九九年放送

著者紹介

有馬心一朗（ありま・しんいちろう）

慶應義塾大学大学院博士前期課程等を経て、公立学校英語科教諭。

専門は言語学、教育社会学、学習心理学。

「授業名人」として著名な有田和正氏から指導を受け、現場での実践が教育書や全国紙（朝日新聞や読売新聞など）に掲載される。

学生時代から教育研究団体に所属。大学３年時に風景画などを譲って得た旅費で、同士が勤務する小・中・高校を視察し、日本一周を達成。その後、海外の貧困・紛争地域の学校で教鞭を執った。

教育系の免許は幼稚園やレクリエーション・インストラクターなど七つの資格を取得し、各職域を経験。中学校、高校では部活動の指導に従事する。

高校時代に関心をもった学習心理学を研究し続けた結果、全国記述模擬試験（代々木ゼミナール）で日本一になり、教え子を最難関校（桜蔭学園や西大和学園、東京大学など）へ合格に導く。

現在、地元で授業研究サークルの代表を務める傍ら、教育社会学の研究に勤しむ。

著書に、『ざんねんな先生』『ざんねんな教育環境』（ともに新評論、2022年）がある。

ざんねんな読書指導
――スマホから「子どもの人生」を守った物語――

（検印廃止）

2023年５月27日　初版第１刷発行

著　者　有　馬　心一朗

発行者　武　市　一　幸

発行所　株式会社　新　評　論

〒169-0051 東京都新宿区西早稲田 3-16-28
電話　03(3202)7391
振替・00160-1-113487

落丁・乱丁はお取り替えします。

定価はカバーに表示してあります。

http://www.shinhyoron.co.jp

印　刷　フォレスト
製　本　中永製本所
イラスト　有馬心一朗
装　丁　山田英春

ISBN978-4-7948-1240-7

新評論　好評既刊　あたらしい教育を考える本

磯村元信

さらば学力神話

ぼうず校長のシン教育改革

「学び直し」は、「生き直し」！ NHK『クロ現』などで紹介され話題、課題集中校の元名物校長が「真の学び」を熱く語る教育改革論。

四六並製　278 頁　2200 円　ISBN978-4-7948-1236-0

ローリー・バロン＋パティー・キニー／山﨑めぐみ・吉田新一郎　訳

「居場所」のある学級・学校づくり

生徒が「安心」できる教育環境

「学級経営」に悩む先生、必読！　すべての生徒が安心して意見を発信し、力を発揮できる教育空間のつくりかた。

四六並製 368 頁 2970 円　ISBN978-4-7948-1224-7

P・ジョンストン・K・シャンポー＋A・ハートウィグ＋S・ヘルマー＋M・コマール＋T・クルーガー＋L・マカーシー ／マーク・クリスチャンソン＋吉田新一郎 訳

国語の未来は「本づくり」

子どもの主体性と社会性を大切にする授業とは？

読まされる・書かされる授業から「子ども自身が作家となって書きたいものを書き、本にする」授業へ！米国発国語教育の最前線。

四六並製　282 頁　2640 円　ISBN978-4-7948-1196-7

K・A・ホルズワイス＋S・エヴァンス／松田ユリ子・桑田てるみ・吉田新一郎　訳

学校図書館をハックする

学びのハブになるための 10 の方法

学校図書館のポテンシャルを最大限に活かす実践的ハック集。子どもたちとともに楽しみながら学びのタービンを回そう！

四六並製　258 頁　2640 円　　ISBN978-4-7948-1174-5

表示価格はすべて税込価格です。